हिंदी पाठ्यपुस्तक

साक्षी

हिंदी पाठमाला 6

सतत एवं व्यापक मूल्यांकन (CCE) पर आधारित

आल्या
एवं
मुसकान

AMANDA
IMPRINT
(An Imprint of Laxmi Publications Pvt. Ltd.)
An ISO 9001:2008 Company

कोचीन • कोलकाता • गुवाहाटी • चेन्नई • जालंधर
बेंगलुरु • मुंबई • राँची • लखनऊ • हैदराबाद • नई दिल्ली
बोस्टन (यू.एस.ए.) • आकरा (घाना) • नैरोबी (केन्या)

साक्षी हिंदी पाठमाला-6

भारत में मुद्रित और जिल्दबंद
टाइपसैट : एम.टू.डब्ल्यू. मीडिया, दिल्ली
नवीनतम संस्करण
ISBN 978-93-5138-020-7

भारत में प्रकाशित, द्वारा–

AMANDA IMPRINT
(An Imprint of Laxmi Publications Pvt. Ltd.)
An ISO 9001:2008 Company
113, गोल्डन हाउस, दरियागंज,
नई दिल्ली-110002, इंडिया
फोन : 91-11-4353 2500, 4353 2501
फैक्स :91-11-2325 2572, 4353 2528
www.laxmipublications.com info@laxmipublications.com

शाखाएँ

✆	कोचीन	0484-237 70 04,	405 13 03
✆	कोलकाता	033-22 27 43 84	
✆	गुवाहाटी	0361-254 36 69,	251 38 81
✆	चेन्नई	044-24 34 47 26,	24 35 95 07
✆	जालंधर	0181-222 12 72	
✆	बेंगलुरु	080-26 75 69 30	
✆	मुंबई	022-24 91 54 15,	24 92 78 69
✆	राँची	0651-220 44 64	
✆	लखनऊ	0522-220 99 16	
✆	हैदराबाद	040-27 55 53 83,	27 55 53 93

C—9432/014/10
मुद्रक: सरस ग्राफिक्स प्रा. लि. राई

प्रस्तावना

साक्षी हिंदी पाठमाला की शृंखला का निर्माण राष्ट्रीय शिक्षा नीति के अंतर्गत एनसीईआरटी, सीबीएसई तथा राज्यों के बोर्डों द्वारा निर्धारित सतत एवं व्यापक मूल्यांकन सीसीई *(Continuous and Comprehensive Evaluation)* पद्धति के अनुसार किया गया है।

बच्चों में देखकर सीखने की प्रवृत्ति जन्म से ही होती है। किसी भी वस्तु को देखकर उसके बारे में जानने की इच्छा उनके मन में स्वत: ही उठ जाती है। बच्चों की इसी प्रवृत्ति को ध्यान में रखते हुए उनसे जुड़े खान-पान, रहन-सहन, आचार-विचार, रुचि आदि पर साक्षी हिंदी पाठमाला के पाठ तैयार किए गए हैं। रोचक पाठ बच्चों की जिज्ञासा एवं भाषा में रुचि बढ़ाने में सहायक सिद्ध होंगे।

इस पाठमाला को तैयार करते समय भाषा की सभी योग्यताओं- सुनना, बोलना, पढ़ना, लिखना, सोचना, समझना, समझकर करना आदि को सिखाने का प्रयास किया गया है।

यह पुस्तक शृंखला अभ्यास पुस्तिका सहित तैयार की गई है। पाठ के अंत में शब्दार्थ, मौखिक व लिखित प्रश्न, पाठ से संबंधित काल्पनिक प्रश्न, भाषा ज्ञान संबंधी प्रश्न, बहुविकल्पीय प्रश्न (MCQs), गतिविधियाँ तथा परियोजना निर्माण कार्य सम्मिलित किए गए हैं।

साक्षी हिंदी पाठमाला में साहित्य की सभी विधाओं- कविता, कहानी, चित्रकथा, लोककथा, डायरी लेखन, संस्मरण, जीवनी, लेख, निबंध, एकांकी, यात्रा-वृत्तांत आदि का समावेश है। हिंदी निदेशालय भारत सरकार द्वारा संस्तुत वर्तनी के पारंपरिक व मानक दोनों रूपों से बच्चों को अवगत कराया गया है। इस पुस्तक शृंखला का उद्देश्य बच्चों की सृजनशीलता, मौलिकता, कल्पनाशीलता, जिज्ञासा एवं चारित्रिक विकास पर बल देना है। आशा है कि यह पुस्तक विद्यार्थियों के लिए उपयोगी सिद्ध होगी।

पुस्तक को और अधिक रोचक, स्तरीय एवं प्रामाणिक बनाने हेतु विद्वानों के सुझाव सादर आमंत्रित हैं।

-लेखिकाएँ

विषय-सूची

1.	मत बाँटो इंसान को (कविता)	1
2.	मूर्खों की संगति (कहानी)	7
3.	चमत्कारी अँगूठी (कहानी)	14
4.	हीरा (आत्मकथा)	22
•	क्या आप जानते हैं?	29
5.	नीलू (रेखाचित्र)	31
6.	समय (कविता)	40
7.	सिंगापुर (यात्रा-वृत्तांत)	47
8.	सायना नेहवाल (जीवनी)	55
•	क्या आप जानते हैं?	62
9.	मंत्र (एकांकी)	64
10.	रक्त (लेख)	74
11.	शहीदों की कलम से (पत्र)	83
12.	अनूठी पुस्तक (डायरी-लेखन)	90
13.	एक मुलाकात (साक्षात्कार)	96
•	क्या आप जानते हैं?	105
14.	द्वीप की खोज (लोककथा)	107
15.	दोहे (काव्य)	116
16.	वन (निबंध)	122
17.	तरह-तरह के मिलनेवाले (व्यंग्य)	129
18.	देशप्रेम के दाम (केवल पढ़ने हेतु)	138
•	क्या आप जानते हैं?	144
•	प्रश्न-पत्र–1	146
•	प्रश्न-पत्र–2	150
•	शब्द कोश	154

पाठ संबंधी गतिविधियाँ

पाठ संख्या व नाम	बोलना, सुनना और पढ़ना	लिखना	शैक्षिक गतिविधियाँ	जीवन मूल्य तथा पारिवारिक, सामाजिक व राष्ट्रीय चेतना
1. मत बाँटो इंसान को (कविता)	कविता को लय में पढ़ना, सही उच्चारण करना तथा मौखिक प्रश्नों के उत्तर देना।	प्रश्नों को एक शब्द में एवं लघु उत्तर लिखना, सप्रसंग व्याख्या, समानार्थी, विलोम, वचन।	कविता/अनुच्छेद लेखन, चर्चा करना, नाटक, मंचन, काल्पनिक एवं नैतिक प्रश्नों के उत्तर देना।	मिल-जुलकर रहने की सीख देना।
2. मूर्खों की संगति (कहानी)	कहानी को प्रभावशाली ढंग से पढ़ना, सही उच्चारण करना तथा मौखिक प्रश्नों के उत्तर देना।	प्रश्नों के लघु एवं दीर्घ उत्तर लिखना, बहुविकल्पीय प्रश्न, वर्ण-विच्छेद करना, शब्द परिवार बनाना, विलोम शब्द, अकर्मक एवं सकर्मक क्रिया, वचन बदलना।	कविता-लेखन, रोचक किस्से पढ़ना व सुनना, हास्य रस की कविताओं को पढ़ना और सुनाना, काल्पनिक एवं नैतिक प्रश्नों के उत्तर देना।	मूर्खों की संगति से बचकर रहने की सीख देना।
3. चमत्कारी अँगूठी (कहानी)	कहानी को प्रभावशाली ढंग से पढ़ना, सही उच्चारण करना तथा मौखिक प्रश्नों के उत्तर देना।	प्रश्नों के लघु एवं दीर्घ उत्तर लिखना, बहुविकल्पीय प्रश्न, मुहावरे एवं लोकोक्तियाँ, विलोम शब्द कारक के भेद, सर्वनाम के भेद।	कहानी लिखना, परियोजना तैयार करना, अनुभव बाँटना, काल्पनिक एवं नैतिक प्रश्नों के उत्तर देना।	अंधविश्वास में न पड़ने की सीख देना एवं परिश्रम का महत्त्व समझाना।
4. हीरा (आत्मकथा)	आत्मकथा का वाचन करना, सही उच्चारण करना तथा मौखिक प्रश्नों के उत्तर देना।	प्रश्नों के लघु एवं दीर्घ उत्तर लिखना, बहुविकल्पीय प्रश्नों के उत्तर चुनना, नित्य एकवचन शब्द, कारक सहित बहुवचन, पर्यायवाची, प्रत्यय।	अवलोकन करना, जानकारी एकत्र करना, सूची तैयार करना, आत्मकथा लिखना तथा काल्पनिक एवं नैतिक प्रश्नों के उत्तर देना।	बहुमूल्य रत्न हीरे की जानकारी देना।
● क्या आप जानते हैं?				सामान्य ज्ञान में वृद्धि करना।
5. नीलू (रेखाचित्र)	संस्मरण का प्रभावशाली ढंग से वाचन, शुद्ध उच्चारण तथा मौखिक प्रश्नों के उत्तर देना।	प्रश्नों के लघु एवं दीर्घ उत्तर लिखना, बहुविकल्पीय प्रश्नों के उत्तरों का चयन करना, उपसर्ग और प्रत्यय अलग करना, विशेषण, समानार्थी शब्द।	मुहावरे एवं लोकोक्तियों को जानना, लेखन, अवलोकन करना, संस्मरण पाठन, काल्पनिक एवं नैतिक प्रश्नों के उत्तर देना।	जीवों पर दया करने की सीख देना।
6. समय (कविता)	कविता का रोचक ढंग से वाचन, सही उच्चारण तथा मौखिक प्रश्नों के उत्तर देना।	प्रश्नों के एक शब्द में उत्तर, प्रश्नों के लघु एवं दीर्घ उत्तर लिखना, पद्यांश के प्रश्नों के उत्तर लिखना, बहुविकल्पीय प्रश्न, विलोम शब्द, शब्द परिवार बनाना, उपसर्ग समानार्थी शब्द।	कविता की सप्रसंग व्याख्या, मुहावरे और कहावतें लिखना, कहानी सुनाना, काल्पनिक एवं नैतिक प्रश्नों के उत्तर देना।	समय का महत्त्व समझाना, परिश्रम की सीख देना।
7. सिंगापुर (यात्रा-वृत्तांत)	यात्रा-वृत्तांत का प्रभावशाली ढंग से वाचन, सही उच्चारण एवं मौखिक प्रश्नों के उत्तर देना।	प्रश्नों के लघु एवं दीर्घ उत्तर लिखना, बहुविकल्पीय प्रश्नों के उत्तर चुनना, उद्देश्य एवं विधेय का ज्ञान विलोम शब्द, प्रत्यय, कारक।	सूची बनाना, कोलॉज एवं प्रेजेंटेशन तैयार करना, अनुच्छेद लेखन, काल्पनिक एवं नैतिक प्रश्नों के उत्तर देना।	देशाटन के महत्त्व को बताना।
8. सायना नेहवाल (जीवनी)	जीवनी का प्रभावशाली ढंग से वाचन, सही उच्चारण एवं मौखिक प्रश्नों के उत्तर देना।	एक शब्द में उत्तर देना, प्रश्नों के लघु एवं दीर्घ उत्तर लिखना, बहुविकल्पीय प्रश्नों के उत्तर चुनना, वाक्यों का ज्ञान अनेक के लिए एक शब्द लिखना।	निबंध-लेखन, सूची तैयार करना, खेल संबंधी जानकारी एकत्र करना, काल्पनिक एवं नैतिक प्रश्नों के उत्तर देना।	खेलों के प्रति जागरूक करना एवं कर्मठता का महत्त्व समझाना।
● क्या आप जानते हैं?				सामान्य ज्ञान में वृद्धि करना।
9. मंत्र (एकांकी)	प्रेमचंद की प्रसिद्ध कहानी के नाट्य रूपांतरण का प्रभावशाली ढंग से वाचन, सही उच्चारण एवं मौखिक प्रश्नों के उत्तर देना।	प्रश्नों के एक शब्द में उत्तर देना, लघु एवं दीर्घ उत्तर लिखना, बहुविकल्पीय प्रश्नों के उत्तरों का चयन करना, क्रियाविशेषण, सर्वनाम को पहचानना, शब्द-युग्म।	घटना का वर्णन करना, जानकारी एकत्र करना, कोलॉज बनाना, काल्पनिक एवं नैतिक प्रश्नों के उत्तर देना।	ऊँच-नीच की भावना का त्याग करने की सीख देना तथा समय पर सहायता एवं अमूल्य जीवन का महत्त्व समझाना।

पाठ संख्या व नाम	बोलना, सुनना और पढ़ना	लिखना	शैक्षिक गतिविधियाँ	जीवन मूल्य तथा पारिवारिक, सामाजिक व राष्ट्रीय चेतना
10. रक्त (लेख)	लेख को रोचक ढंग से पढ़ना, सही उच्चारण, मौखिक प्रश्नों के उत्तर देना।	प्रश्नों के लघु एवं दीर्घ उत्तर लिखना एवं बहुविकल्पीय प्रश्नों के उत्तरों का चयन करना, शब्द-युग्म, प्रत्यय, समानार्थी शब्द।	जानकारी एकत्र करना, अनुच्छेद-लेखन, काल्पनिक एवं नैतिक प्रश्नों के उत्तर देना।	रक्त संरचना संबंधी जानकारी देना।
11. शहीदों की कलम से (पत्र)	पत्र का प्रभावशाली ढंग से वाचन, सही उच्चारण करना, मौखिक प्रश्नों के उत्तर देना।	प्रश्नों के लघु एवं दीर्घ उत्तर लिखना, बहुविकल्पीय प्रश्नों के उत्तर देना, संज्ञा से विशेषण एवं विशेषण से संज्ञा बनाना, गद्यांश के प्रश्नों के उत्तर देना।	परियोजना तैयार करना, चित्र देखकर घटना का वर्णन करना, काल्पनिक एवं नैतिक प्रश्नों के उत्तर देना।	देशभक्तों के प्रति श्रद्धा की भावना को जाग्रत करना। स्वधीनता का महत्त्व समझाना।
12. अनूठी पुस्तक (डायरी-लेखन)	डायरी का प्रभावशाली ढंग से वाचन करना, सही उच्चारण, मौखिक प्रश्नों के उत्तर देना।	प्रश्नों के लघु एवं दीर्घ उत्तर लिखना, बहुविकल्पीय एवं नैतिक प्रश्नों के उत्तर देना, अनेकार्थी शब्द, पर्यायवाची शब्द, प्रत्यय।	डायरी लिखना, जानकारी एकत्र करना, प्रतियोगिता का आयोजन करना, काल्पनिक एवं नैतिक प्रश्नों के उत्तर देना।	गिनीज़ बुक के बारे में जानकारी देना।
13. एक मुलाकात (साक्षात्कार)	साक्षात्कार का प्रभावशाली ढंग से वाचन, सही उच्चारण, मौखिक प्रश्नों के उत्तर देना।	प्रश्नों के लघु एवं दीर्घ उत्तर लिखना, बहुविकल्पीय प्रश्नों के उत्तरों का चयन करना, निपात वाक्यांशों के लिए एक शब्द, विलोम शब्द वाक्यों को शुद्ध करना।	अनुच्छेद-लेखन, परियोजना तैयार करना, जानकारी एकत्र करना, सूची बनाना, काल्पनिक एवं नैतिक प्रश्नों के उत्तर देना।	महान वैज्ञानिक एवं देश के पूर्व राष्ट्रपति के विचारों से अवगत कराना।
● क्या आप जानते हैं?				सामान्य ज्ञान में वृद्धि करना।
14. द्वीप की खोज (लोककथा)	लोककथा का रोचक ढंग से वाचन, सही उच्चारण एवं मौखिक प्रश्नों के उत्तर देना।	प्रश्नों के उत्तर शब्दों में तथा लघु एवं दीर्घ उत्तर लिखना, गद्यांश के प्रश्नों के उत्तर देना, संज्ञा के भेद, उपसर्ग।	किसी दर्शनीय स्थल की यात्रा का वर्णन करना, परियोजना तैयार करना, जानकारी जुटाना तथा काल्पनिक एवं नैतिक प्रश्नों के उत्तर देना।	लोककथाओं से परिचित करवाना। मनुष्य के खोजी स्वभाव के बारे में बताना।
15. दोहे (काव्य)	दोहों का प्रभावशाली ढंग से वाचन, सही उच्चारण एवं मौखिक प्रश्नों के उत्तर देना।	प्रश्नों के लघु एवं दीर्घ उत्तर लिखना, बहुविकल्पीय एवं नैतिक प्रश्नों के उत्तर चुनना, मिलान करना, पर्यायवाची शब्द, शब्दों को शब्दकोश के क्रम में लगाना, वर्ण-विच्छेद, मानक रूप।	पद-लेखन, चार्ट बनाना, प्रतियोगिता का आयोजन करना तथा काल्पनिक एवं नैतिक प्रश्नों के उत्तर देना।	जीवन मूल्यों को समझाना।
16. वन (निबंध)	निबंध का रोचक ढंग से पठन, सही उच्चारण, मौखिक प्रश्नों के उत्तर देना।	प्रश्नों के एक शब्द में उत्तर देना तथा प्रश्नों के लघु एवं दीर्घ उत्तर लिखना, वाक्यों की पूर्ति करना, अनुस्वार का प्रयोग, प्रत्यय, पर्यायवाची।	चित्र एकत्र करना, गोष्ठी का आयोजन करना, पोस्टर बनाना, काल्पनिक एवं नैतिक प्रश्नों के उत्तर देना।	पेड़ों का महत्त्व समझाना एवं वनों के संरक्षण की सीख देना।
17. तरह-तरह के मिलनेवाले (व्यंग्य)	व्यंग्य कथा का रोचक ढंग से वाचन, सही उच्चारण, मौखिक प्रश्नों के उत्तर देना।	प्रश्नों का शब्दों में उत्तर देना, लघु तथा दीर्घ उत्तर लिखना, वाक्यांशों के लिए एक शब्द, विराम चिह्न, उपसर्ग।	अनुच्छेद-लेखन, कहानी-लेखन, नाट्य मंचन करना तथा काल्पनिक एवं नैतिक प्रश्नों के उत्तर देना।	मनुष्य के स्वभाव को चित्रण द्वारा बताना तथा समय का महत्त्व समझाना।
18. देश-प्रेम के दाम (कहानी)	——	——	——	वृद्धों के प्रति संवेदना और स्वतंत्रता सेनानियों के प्रति श्रद्धा का भाव जगाना।
● क्या आप जानते हैं?				सामान्य ज्ञान में वृद्धि करना।

पाठ्यक्रम

छठी, सातवीं और आठवीं कक्षा के लिए हिंदी पाठ्यक्रम–

छठी कक्षा में आने तक विद्यार्थी हिंदी में पढ़ने बोलने और लिखने की कुशलताओं पर अधिकार प्राप्त कर चुके होंगे। इन कक्षाओं में पिछली योग्यताओं का विकास करते हुए मातृभाषा की नई योग्यताओं का विकास करना है।

विश्व के सभी देशों की मातृभाषा के पाठ्यक्रम कुछ इस प्रकार तैयार किए जाते हैं कि विद्यार्थी अपने स्तर की कहानियाँ पढ़कर उनका आनंद ले सकें। वे प्रकृति के सौंदर्य, देश-प्रेम आदि की सरल और सहज कविताएँ पढ़कर अपने शब्दों में उनकी सराहना कर सकें। अपने स्तर के विषयों पर अनुच्छेद या निबंध लिख सकें। विद्यार्थियों के भावी जीवन में भाषा से संबंधित जो भी आवश्यकताएँ होंगी, उनकी तैयारी छठी कक्षा तक पूरी हो जानी चाहिए। पहली कक्षा से पाँचवीं कक्षा तक उन्होंने जो कुछ भी सीखा है, उसका विस्तार छठी कक्षा में अपेक्षित होगा।

छठी, सातवीं और आठवीं कक्षाओं में मातृभाषा शिक्षण के उद्देश्य–

- मौखिक अभिव्यक्ति का विकास करना।
- शिष्टाचार, धैर्य और ध्यानपूर्वक सुनने की योग्यता का विकास करना।
- अपने विचारों को लिखकर अभिव्यक्त करने की योग्यता का विकास करना।
- व्याकरण-सम्मत भाषा का प्रयोग करने में समर्थ बनाना।
- अध्ययन की कुशलताओं का विकास करना।
- सौंदर्यानुभूति एवं सृजनशीलता का विकास करना।
- भाषा के सौंदर्य की सराहना करने की योग्यता का विकास करना।
- साहित्य के प्रति अभिरुचि का विकास करना।
- चिंतन की योग्यता का विकास करना।
- लेखन संबंधी योग्यताओं का विकास करना।
- भाषा विचार एवं शैली की सराहना करने में सक्षम बनाना।
- भाषा के प्रमुख तत्वों से परिचित करवाना।
- विद्यार्थियों को भाषायी क्रियाकलापों में भाग लेने के लिए प्रोत्साहित करना।
- सर्वधर्म समभाव का विकास करना। सभी धर्मों के प्रति आदर और वसुधैव कुटुंबकम् की भावना का विकास करना।
- अपने क्षेत्र विशेष तथा देश के प्रति प्रेम और गौरव की भावना का विकास करना।

छठी, सातवीं और आठवीं कक्षा के विद्यार्थियों से मातृभाषा संबंधी अपेक्षित योग्यताएँ–

सुनने संबंधी अपेक्षित योग्यताएँ –

- वर्णित या पठित सामग्री, वार्ता, भाषण, परिचर्चा, वार्तालाप, वाद-विवाद, कविता-पाठ आदि का सुनकर अर्थ ग्रहण करना, मूल्यांकन करना और अभिव्यक्ति को जानना।
- कहानियाँ, कविताएँ, पहेलियाँ, नाटक, चित्र वर्णन, संक्षिप्त भाषण, विवरण आदि को सुनकर समझना और उनका आनंद लेना।
- वक्ता के मनोभावों– हर्ष, क्रोध, आश्चर्य, घृणा, झिड़की, करुणा, व्यंग्य आदि को समझना।
- विभिन्न स्रोतों से जानकारी एकत्र कर उसे याद रखना।

बोलने संबंधी अपेक्षित योग्यताएँ–

- बोलते समय भली प्रकार उच्चारण करना। गति, लय, आरोह-अवरोह, उचित बलाघात व अनुतान सहित बोलना। सस्वर कविता-वाचन, कथा-कहानी अथवा घटना सुनाना।
- भाषा-संबंधी सभी सामूहिक क्रियाकलापों में सक्रिय रूप से भाग लेना।
- आत्मविश्वास और सहजता से धाराप्रवाह बोलना।
- व्याकरण-सम्मत भाषा का प्रयोग करना।
- अपने विचारों को स्वतंत्र व क्रमबद्ध रूप से व्यक्त करना।
- वार्तालाप, नाटक, लघु भाषण आदि में सक्रिय रूप से भाग लेना।
- कहानियाँ सुनाने, पहेलियाँ बूझने, अंत्याक्षरी, लघु भाषण आदि का अभ्यस्त होना।
- भय से मुक्त होकर प्रभावशाली ढंग से भाषण देना।

पढ़ने संबंधी अपेक्षित योग्यताएँ–

- गद्य और पद्य का उचित आरोह-अवरोह के साथ धाराप्रवाह पढ़ना।
- एकाग्र चित्त होकर अभीष्ट गति के साथ मौन पठन करना।
- शब्दों और मुहावरों का अर्थ समझकर वाक्यों में प्रयोग करना।
- पठित वस्तु के महत्त्वपूर्ण तथ्य, मुख्य विचार और केंद्रीय भाव को पहचानना।
- भाषा, विचार एवं शैली की सराहना करना।

- बाल-साहित्य आदि की उपलब्ध सामग्री को पढ़ना।
- पत्र, चार्ट, पोस्टर आदि की लिखित सामग्री को सहजता से पढ़ना।
- मौन पाठ द्वारा पाठ्यवस्तु का अर्थग्रहण करने की योग्यता प्राप्त करना।

लिखने संबंधी अपेक्षित योग्यताएँ–

- परिचित और अपरिचित शब्दों व वाक्यों को शुद्ध रूप से लिखना। लिखते हुए व्याकरण-सम्मत शुद्ध एवं प्रांजल भाषा का प्रयोग करना।
- लिपि के मानक रूप का ही प्रयोग करना।
- लेखन संबंधी नियमों एवं कुशलताओं का ज्ञान होना।
- पूर्ण-विराम, अर्द्ध-विराम, प्रश्नवाचक एवं विस्मय बोधक चिह्नों का सही प्रयोग करना।
- औपचारिक एवं अनौपचारिक पत्रों को लिखने में समर्थ होना।
- अपने विचारों को लिखकर प्रकट करने में समर्थ होना।
- लिखने में मौलिकता और सर्जनात्मकता लाना।
- शब्दों एवं वाक्यों का अनुलेख और श्रुतिलेख लिखना।
- चित्र-वर्णन, यात्रा-वर्णन, संवाद-लेखन तथा सरल विषयों पर अनुच्छेद एवं निबंध लिखना।

चिंतन संबंधी अपेक्षित योग्यताएँ–

- अपने स्तर के अनुरूप किसी बात को सुनकर या पढ़कर समझना, उस विषय पर प्रश्न करना तथा किए गए प्रश्नों के निःसंकोच उत्तर देना।
- सुनी हुई या पढ़ी हुई बातों में उचित-अनुचित का भेद करना।
- पठित वस्तु के शीर्षक के आधार पर विषय-वस्तु को समझना, केंद्रीय भाव तथा सारांश बताना।
- यथार्थ और कल्पना में अंतर कर पाना।
- वर्णित घटना या दृश्यावलोकन पर प्रतिक्रिया करना।
- मूर्त विषयों के बारे में अनुभूति और भाव व्यक्त करने के लिए सही शब्द चुनना।

छठी, सातवीं और आठवीं कक्षा के लिए शैक्षिक क्रियाकलाप–

- विभिन्न विषयों पर आधारित– क्यों, कैसे, क्या वाले प्रश्नों को पूछना तथा उसमें कक्षा के सभी विद्यार्थियों की प्रतिभागिता सुनिश्चित करना।
- हिंदी वर्णमाला की सूक्ष्म अंतर वाली ध्वनियों में विभेदीकरण तथा शुद्ध उच्चारण का प्रशिक्षण देना।
- सामूहिक एवं व्यक्तिगत रूप से कविता, कहानी, घटना आदि को सुनाने के लिए प्रोत्साहित करना।
- वाद-विवाद तथा लघु भाषणों द्वारा आत्मविश्वास में बढ़ोतरी करना।
- विद्यालय के विभिन्न कार्यक्रमों में भाग लेने तथा उनका संचालन करने संबंधी कार्य करवाना।
- परिचित एवं अपरिचित विषयों पर संवादों का आयोजन करवाना।
- अधूरी कहानी को पूरा करवाना तथा अनुमान के आधार पर घटना या कहानी का वर्णन करवाना।
- पाठ्यपुस्तक तथा अतिरिक्त सामग्री को पढ़ते समय उच्चारण, विराम चिह्न, उचित स्थान पर बलाघात आदि पर ध्यान देते हुए पढ़वाना। उचित गति एवं प्रवाह के साथ पढ़ने पर बल देना।
- मौन वाचन करवाना, चित्र, चार्ट, मानचित्र, विज्ञापन, पत्र एवं सूचना पट से संबंधित लिखित सामग्री पर अनेक प्रश्न पूछना।
- शब्दों एवं वाक्यों का अनुलेख एवं श्रुतिलेख करवाना।
- विभिन्न विषयों पर चित्र, मॉडल, चार्ट आदि तैयार करवाना तथा उनका विवरण लिखवाना।
- विभिन्न विषयों पर अनुच्छेद या निबंध लिखना।
- चित्र को देखकर वाक्य, कहानी, कविता, अनुच्छेद आदि लिखवाना।

पाठ्य-सामग्री एवं विषय-वस्तु–

कक्षा 6, 7 और 8 के लिए पाठ्यपुस्तक अभ्यास पुस्तिका सहित तैयार की गई है। इन पुस्तकों के क्रमशः 164, 172, 176 पृष्ठ तैयार किए गए हैं। पाठ्यपुस्तक की विषय-वस्तु उद्देश्यों, योग्यताओं और शैक्षिक क्रियाकलापों पर आधारित है। बच्चों के परिवेश से संबंधित तथा भाषायी कुशलताओं और योग्यताओं को ध्यान में रखकर विषय सामग्री तैयार की गई है। निम्न बिंदुओं को ध्यान में रखकर पाठ्यपुस्तक का निर्माण किया गया है–

पौराणिक एवं साहित्यिक कहानियाँ, लोककथाएँ, पर्यावरण संरक्षण, कृषि और प्रौद्योगिकी, विज्ञान, राष्ट्रीय एकता, मौलिक एकता, दर्शनीय स्थल, यात्रा वर्णन, खोज, महापुरुषों की जीवनियाँ, पत्र, डायरी, कविताएँ, साक्षात्कार, एकांकी, निबंध, लेख, त्योहार, सर्वधर्म समभाव, नैतिक मूल्यपरक पाठ आदि।

1 मत बाँटो इंसान को

मंदिर–मसजिद–गिरजाघर ने
बाँट लिया भगवान को।
धरती बाँटी सागर बाँटा
मत बाँटो इंसान को।।

अभी राह तो शुरू हुई है
मंज़िल बैठी दूर है।
उजियाला महलों में बंदी
हर दीपक मजबूर है।।

मिला न सूरज का संदेशा
हर घाटी–मैदान को।
धरती बाँटी सागर बाँटा
मत बाँटो इंसान को।।

अब भी हरी–भरी धरती है
ऊपर नील वितान है।
पर न प्यार हो तो जग सूना
जलता रेगिस्तान है।।

शिक्षण संकेत

- बच्चों को मिल–जुलकर रहने की सीख दें और बताएँ कि कट्टरपंथी होना बहुत घातक सिद्ध होता है। अत: कट्टरता को त्यागकर सहजता को अपनाना चाहिए। प्रत्येक धर्म में अच्छी बातें होती हैं, उन्हें अपनाना चाहिए।
- बच्चों में परोपकार की भावना जगाएँ। उन्हें समझाएँ कि जिस प्रकार प्रकृति हमसे बिना कुछ माँगे अपना सब कुछ लुटा देती है, उसी प्रकार मनुष्य को भी किसी प्रकार की अपेक्षा न रखकर दूसरों के काम आना चाहिए।

अभी प्यार का जल देना है
हर प्यासी चट्टान को।
धरती बाँटी सागर बाँटा
मत बाँटो इंसान को।।

साथ उठें सब तो पहरा हो
सूरज का हर द्वार पर।
हर उदास आँगन का हक हो
खिलती हुई बहार पर।।

रौंद न पाएगा फिर कोई
मौसम की मुसकान को।
धरती बाँटी सागर बाँटा
मत बाँटो इंसान को।।

–विनय महाजन

शब्दार्थ

बाँटना	–	विभाजित करना	इंसान	–	मनुष्य
राह	–	मार्ग	बंदी	–	कैद
संदेशा	–	संदेश, खबर	वितान	–	विस्तार
पहरा	–	निगरानी, देखरेख	हक	–	अधिकार
बहार	–	सुखद, वातावरण	रौंदना	–	कुचलना

संकलनात्मक एवं रचनात्मक मूल्यांकन

मौखिक

1. **पढ़िए और बोलिए–**

मसजिद मंजिल रेगिस्तान प्यासी मौसम आँगन

2. **सोचकर बताइए–**

(क) इंसान को बाँटने का क्या अर्थ है?

(ख) इंसान ने किस-किस को बाँट लिया है?

(ग) धरती और सागर को बाँटने से कवि का क्या तात्पर्य है?

लिखित

1. **नीचे दिए प्रश्नों के उत्तर एक शब्द में दीजिए–**

(क) कवि किसे नहीं बाँटना चाहता है? ....

(ख) घाटी-मैदान को किसका संदेशा नहीं मिला है? ....

(ग) कवि प्यासी चट्टानों को किसका जल देने की बात कर रहा है? ....

(घ) खिलती हुई बहार पर किसके हक की बात की गई है? ....

2. **नीचे दिए प्रश्नों के लघु उत्तर दीजिए–**

(क) उजाले के बंदी बनने से कवि का क्या तात्पर्य है?

....

....

(ख) प्यार के बिना हरी-भरी धरती किसमें बदल जाती है?

....

....

(ग) पंक्तियों का भावार्थ समझाइए–

(i) अभी राह तो शुरू हुई है, मंजिल बैठी दूर है।
उजियाला महलों में बंदी, हर दीपक मजबूर है।

....

....

(ii) साथ उठें सब तो पहरा हो सूरज का हर द्वार पर।
हर उदास आँगन का हक हो खिलती हुई बहार पर।

(iii) रौंद न पाएगा फिर कोई मौसम की मुसकान को।
धरती बाँटी सागर बाँटा मत बाँटों इंसान को।

3. सप्रसंग व्याख्या कीजिए–

(क) अब भी हरी–भरी धरती है
ऊपर नील वितान है।
पर न प्यार हो तो जग सूना
जलता रेगिस्तान है।।

(ख) साथ उठें सब तो पहरा हो
सूरज का हर द्वार पर।
हर उदास आँगन का हक हो
खिलती हुई बहार पर।।

भाषा ज्ञान

समान अर्थ वाले शब्दों को **समानार्थी** या **पर्यायवाची** शब्द कहते हैं।

1. नीचे दिए शब्दों के समानार्थी शब्द लिखिए–

भगवान – ....   धरती – ....
सागर – ....   राह – ....
सूरज – ....   इंसान – ....
जल – ....   चट्टान – ....

2. नीचे दिए शब्दों के विलोम शब्द लिखिए–

बंदी – ....   उजाला – ....
शुरू – ....   प्यार – ....
प्यासी – ....   उदास – ....

3. नीचे दिए शब्दों के बहुवचन रूप पर (✓) का चिह्न लगाइए–

कुछ शब्द सदा एकवचन में प्रयुक्त होते हैं। उनका बहुवचन रूप नहीं होता।

(क) भगवान
(*i*) भगवान ☐ (*ii*) भगवानों ☐ (*iii*) भगवानें ☐

(ख) चट्टान
(*i*) चट्टान ☐ (*ii*) चट्टानों ☐ (*iii*) चट्टानी ☐

(ग) इंसान
(*i*) इंसान ☐ (*ii*) इंसानों ☐ (*iii*) इंसानियत ☐

(घ) जल
(*i*) जल ☐ (*ii*) जलों ☐ (*iii*) जलों के लिए ☐

कविता से आगे

- यदि देशों की कोई सीमा नहीं होती और सबको प्रत्येक जगह जाने की पूर्ण स्वतंत्रता होती तो क्या होता? क्या तब भी देश आपस में झगड़ा करते? सोचकर बताइए।
- मनुष्य एक बुद्धिमान प्राणी है। उसने बुद्धि के बल पर पहाड़ों एवं समुद्रों पर भी राह बना ली है। आकाश की ऊँचाई भी मनुष्य के लिए अछूती नहीं रही। परंतु यह सब करके भी क्या मनुष्य सुखी है? क्या वह स्वयं को बेड़ियों में जकड़ा हुआ महसूस नहीं करता है? क्या मनुष्य की बुद्धि ही इन सब सीमाओं (बंधनों) का कारण है? तर्क सहित उत्तर दीजिए।

नन्हे हाथों से

- चित्र को देखकर इसके प्राकृतिक सौंदर्य का वर्णन करते हुए कोई कविता या अनुच्छेद लिखिए–

....

....

....

....

....

....

....

....

....

कुछ करने को

- धर्म एवं सांप्रदायिकता के कारण भारत की पवित्र भूमि कब-कब रक्तरंजित हुई है? जानकारी एकत्र कीजिए और इसके मुख्य कारणों पर कक्षा में चर्चा कीजिए।
- भगवान ने मनुष्य को धरती पर इंसान के रूप में भेजा। हमने उसे देश, धर्म, जाति और न जाने कितने भागों में बाँट दिया है। अध्यापिका की मदद से इस तथ्य को दर्शाने वाला एक नाटक तैयार कर उसका मंचन कीजिए और नाटक में सबको मिल-जुलकर रहने की सीख दीजिए।

आप क्या करेंगे

- यदि कोई पोंगा पंडित धर्म के नाम पर आपको भ्रमित करना चाहे और आपके सच्चे मित्र के बारे में गलत बात कहे जो किसी दूसरे धर्म में विश्वास रखता हो तो आप क्या करेंगे?
- यदि विद्यालय में जाति और धर्म के नाम पर किसी छात्र के साथ भेदभाव हो रहा हो तो आप क्या करेंगे?

2 मूर्खों की संगति

राजा कृष्णदेव राय अपनी प्रजा का बहुत ध्यान रखते थे। प्रजा के सुख-दुख का हाल जानने के लिए वे वेस बदलकर राज्य में घूमते थे। एक बार किसी कारणवश तेनालीराम से नाराज़ होकर उन्होंने उसे दरबार में न आने का आदेश दे दिया। यह सुनकर अन्य दरबारियों की बाँछें खिल गईं। वे सब बहुत प्रसन्न हुए क्योंकि मन-ही-मन सभी दरबारी तेनालीराम से ईर्ष्या करते थे।

जब भी कृष्णदेव राय वेश बदलकर राज्य भ्रमण पर निकलते थे तो अपने साथ तेनालीराम को अवश्य ले जाते थे। परंतु इस बार तेनालीराम की अनुपस्थिति में वे कुछ अन्य दरबारियों के साथ राज्य भ्रमण पर निकले। छद्म वेशधारी राजा भ्रमण करते हुए एक गाँव में पहुँचे। उन्हें बहुत प्यास लगी थी। उन्होंने एक झोंपड़ी के बाहर खड़े आदमी से पानी माँगा। आदमी ने उन्हें मटके का शीतल जल पीने के लिए दिया। राजा की प्यास बुझ गई तो उन्होंने उस आदमी से पूछा, "कहो भाई, तुम्हारे गाँव में किसी व्यक्ति को कोई कष्ट तो नहीं है?" इससे पहले कि वह कुछ उत्तर देता, आगंतुकों को देखकर आस-पास के अन्य ग्रामीण भी वहाँ एकत्र हो गए। छद्म वेशधारी राजा ने अपना प्रश्न पुनः दोहराया। गाँव वालों ने सोचा कि ये लोग राजा के अधिकारीगण हैं। इसलिए उन्होंने कहा, "महाशय, हमारे गाँव में सुख-शांति है। किसी को कोई कष्ट नहीं है। हमारे राजा कृष्णदेव राय प्रजा को अपनी संतान की तरह प्रेम करते हैं। इसलिए हमें कष्ट होने

शिक्षण संकेत

- बच्चों को तेनालीराम के रोचक किस्से सुनाएँ।
- बच्चों को बीरबल और तेनालीराम की बुद्धिमत्ता के किस्से पढ़ने को प्रेरित करें।
- बच्चों को बताएँ कि किसी भी निर्णय पर पहुँचने से पहले भली-भाँति सोच-विचार कर लेना चाहिए तथा जहाँ तक संभव हो, मूर्ख लोगों से बचकर रहना चाहिए।

का प्रश्न ही नहीं उठता। हम भी दिन-रात मेहनत करके अपने राज्य की खुशहाली में योगदान देते हैं।"

राजा को गाँव वालों का उत्तर अच्छा लगा, परंतु उन्हें इससे संतुष्टी नहीं हुई। उन्होंने एक और प्रश्न किया, "राजा के बारे में आपकी क्या राय है?" सभी ने बारी-बारी से राजा का गुणगान करते हुए उनकी महानता का वर्णन किया। एक वृद्ध किसान जो बोल नहीं पा रहा था, राजा ने उससे भी वही प्रश्न किया। वृद्ध किसान उठा और पास के खेत से एक गन्ना तोड़ लाया। फिर राजा के पास आकर गन्ना दिखाते हुए संकेत किया कि हमारे राजा इसकी तरह हैं।

राजा वृद्ध किसान की बात समझ नहीं पाया। उसने दरबारियों से वृद्ध किसान की बात का आशय पूछा। दरबारी दूरदर्शी नहीं थे। राजा के समक्ष कही गई बात का क्या परिणाम हो सकता है, वे इस बात से अनभिज्ञ थे। बिना कुछ सोचे-समझे तथा किसान के भाव का दूसरा ही अर्थ निकालते हुए एक दरबारी बोला, "महाराज! इस वृद्ध किसान के कहने का आशय है कि राजा इस गन्ने की तरह कमज़ोर हैं जिसे कोई भी व्यक्ति आसानी से उखाड़ सकता है।"

राजा को दरबारी की बात सही लगी। वे गुस्से से तमतमा उठे और वृद्ध किसान से बोले, "तुम शायद जानते नहीं कि मैं कौन हूँ?" राजा की कठोर वाणी सुनकर वृद्ध डर के मारे थर-थर काँपने लगा। तभी एक अन्य वृद्ध जो भीड़ में कंबल ओढ़े खड़ा था बोला, "महाराज! हम ग्रामीण आपको अच्छी तरह समझते हैं, पहचानते हैं लेकिन बड़े दुख की बात है कि आपके दरबारी ही आपको अब तक समझ नहीं पाए हैं। मेरे वृद्ध मित्र के संकेत का आशय केवल इतना था कि हमारे राजा इस गन्ने की तरह मीठे हैं जो प्रजा पर मधुर स्नेह लुटाते हैं। लेकिन दुश्मन के लिए उतने ही कठोर हैं। दुश्मन को सबक सिखाने के लिए वे गन्ने (दंड) के समान हैं जिससे दुश्मनों को पीटने का काम भली-भाँति किया जा सकता है।" इतना कहते ही वृद्ध ने अपना कंबल हटा दिया और नकली दाढ़ी-मूँछें उतारकर फेंक दी।

उसे देखते ही राजा चौंक पड़े और बोले, "तेनालीराम, तुम हमारा पीछा नहीं छोड़ोगे?" तेनालीराम बड़े विनम्र भाव से बोला, "महाराज! यदि आपका पीछा छोड़ दिया तो न जाने कितने बेकसूर लोग इन अज्ञानी दरबारियों के कारण मुसीबत में पड़ जाएँगे। आप स्वयं देख सकते हैं कि अभी यह वृद्ध किसान बिना कारण ही मौत के घाट उतार दिया जाता। किसी की क्रोधाग्नि को भड़काना बहुत सरल है। किंतु किसी का क्रोध शांत करना उतना ही कठिन। राजा को चाहिए कि वह अपने क्रोध पर नियंत्रण रखे तथा किसी भी निर्णय पर पहुँचने से पहले उससे जुड़े तथ्यों की ठीक प्रकार से परख कर ले। केवल एक दरबारी के कह देने भर से ही किसी निर्णय पर न पहुँचे।"

राजा समझ गए कि मूर्खों का साथ बड़ा दुखदायी होता है। वह बोले, "भविष्य में कभी भी मैं तुम्हारे बिना राज्य भ्रमण पर नहीं जाऊँगा।" उनकी बातों से गाँव वाले समझ गए कि छद्म वेशधारी कोई और नहीं बल्कि राजा हैं तथा उनके साथ उनके दरबारी हैं और वृद्ध ग्रामीण तेनालीराम है। फिर तो गाँव वालों ने बड़े प्रेम और आदर से उनका अभिनंदन किया। अपने प्रति गाँव वालों का प्रेम देखकर राजा गदगद हो उठे। उधर तेनालीराम की बुद्धिमत्ता के सामने दरबारी खिसियाकर बगलें झाँकने लगे। सच ही कहा गया है कि मूर्खों की संगति से बचकर रहना चाहिए।

शब्दार्थ

आदेश	–	हुक्म	**भ्रमण करना**	–	घूमना	**छद्म वेश**	–	बनावटी भेस
आगंतुक	–	अतिथि	**संतुष्टी**	–	तृप्ति	**विनम्र**	–	सुशील, झुका हुआ

संकलनात्मक एवं रचनात्मक मूल्यांकन

मौखिक

1. पढ़िए और बोलिए–

आशय   प्रतीत   स्नेह   क्रोधाग्नि   अभिनंदन

2. सोचकर बताइए–

(क) दरबारी क्यों प्रसन्न थे?

(ख) कृष्णदेव राय राज्य भ्रमण पर तेनालीराम को साथ लेकर क्यों नहीं गए?

(ग) वृद्ध किसान क्यों डर गया था?

लिखित

1. **नीचे दिए प्रश्नों के लघु उत्तर दीजिए–**

(क) गाँव वालों ने छद्म वेशधारी राजा के प्रश्न का क्या उत्तर दिया?

....

....

(ख) गाँव वालों ने राजा के बारे में क्या राय दी?

....

....

(ग) वृद्ध किसान ने राजा की तुलना किससे और क्यों की?

....

....

(घ) राजा को वृद्ध किसान पर क्रोध क्यों आया?

....

....

2. **नीचे दिए प्रश्नों के दीर्घ उत्तर दीजिए–**

(क) तेनालीराम ने राजा का पीछा क्यों किया?

....

....

....

....

(ख) दरबारियों की मूर्खता का क्या परिणाम हो सकता था?

....

....

....

....

(ग) मूर्खों का साथ दुखदायी क्यों माना जाता है?

....

....

....

....

3. नीचे दिए प्रश्नों के उपयुक्त उत्तर पर (✓) का चिह्न लगाइए–

(क) राजा वेस बदलकर क्या करते थे?

(*i*) पड़ोसी राज्य की जानकारी लेने के लिए उनके राज्य में भ्रमण करते थे।

(*ii*) अपनी प्रजा के सुख-दुख का ध्यान रखने के लिए राज्य का भ्रमण करते थे।

(*iii*) अपने दरबारियों के काम-काज पर नज़र रखते थे।

(ख) गाँव वालों ने राजा का गुणगान क्यों किया?

(*i*) राजा के डर के कारण।

(*ii*) दरबारियों के डर के कारण।

(*iii*) राजा की अच्छाइयों के कारण।

(ग) राजा की तुलना गन्ने से करने के पीछे वृद्ध किसान का क्या आशय था?

(*i*) राजा गन्ने की तरह कमज़ोर थे।

(*ii*) राजा प्रजा के लिए गन्ने की तरह मधुर और शत्रु के लिए कठोर थे।

(*iii*) राजा गन्ने की तरह लंबे थे।

(घ) किसकी संगति में नहीं रहना चाहिए?

(*i*) मूर्खों की (*ii*) साधुओं की (*iii*) सज्जनों की

भाषा ज्ञान

1. वर्ण-विच्छेद कीजिए–

क्रोधी – ....

वृद्ध – ....

मूर्खों – ....

भ्रमण – ....

ग्रामीण – ....

2. शब्द परिवार बनाइए–

बुद्धि –	बुद्धिमान	बुद्धिमति	बौद्धिक	बुद्धिहीन
गुण –	....	....	....	....
ज्ञान –	....	....	....	....
अर्थ –	....	....	....	....

3. नीचे दिए शब्दों के विलोम शब्द लिखिए–

प्रसन्न – .... महान – ....

ज्ञानी – .... युवा – ....

सुख – .... आदर – ....

4. नीचे दिए वाक्यों में कौन-सी क्रिया है?

(क) राजा ने ग्रामीण से पानी माँगा। ....

(ख) घोड़ा तेज़ी से दौड़ने लगा। ....

(ग) बच्चे कहानी पढ़कर सुनाने लगे। ....

(घ) राधा ज़ोर-ज़ोर से हँसने लगी। ....

(ङ) अंतत: घायल पंछी मर गया। ....

सकर्मक क्रिया–इन क्रियाओं में कर्म की आवश्यकता होती है। जैसे–वह खाना खा रही है। (खा रही क्रिया के साथ खाना कर्म है।)

अकर्मक क्रिया–इन क्रियाओं में कर्म की आवश्यकता नहीं होती। जैसे–वह सो रही है। (सो रही क्रिया है, इसके साथ कर्म नहीं है।)

5. वचन बदलकर लिखिए–

राजा – राजागण अधिकारी – ....

दरबारी – .... अध्यापक – ....

कहानी से आगे

- यदि राजा कृष्णदेव राय प्रजा के सुख-दुख का ध्यान रखने वाले नहीं होते और गाँव वाले छद्म वेशधारी राजा के समक्ष उनकी बुराई कर देते तो क्या होता?

नन्हे हाथों से

- किसी प्रसिद्ध या स्वरचित हास्य रस की कुछ पंक्तियाँ लिखिए–

कुछ करने को

- इंटरनेट, पुस्तकालय आदि की सहायता से अकबर–बीरबल, कृष्णदेव राय एवं तेनालीराम के रोचक किस्से पढ़कर कक्षा में सुनाइए।
- हास्य रस के प्रमुख कवि सुरेंद्र शर्मा की कविताओं को पढ़िए और कक्षा में सुनाइए।

आप क्या करेंगे

- यदि गलती करने पर आप झूठ बोलकर बच जाते हैं और आपकी गलती का दोष किसी बेकसूर छात्र पर लगा दिया जाता है तब आप क्या करेंगे?
- हास्य रस का जीवन में बड़ा महत्त्व है। परंतु हास्य–व्यंग्य से किसी को दुख नहीं पहुँचाना चाहिए। यदि आपके किसी मनोविनोद के कारण आपका सहपाठी आहत महसूस करे तो आप क्या करेंगे?

3 चमत्कारी अँगूठी

अंशुल सुबह से ही बहुत प्रसन्न था, आज उसका परीक्षा परिणाम जो आने वाला था। उसे पूर्ण विश्वास था कि हर बार की तरह इस बार भी वह ही कक्षा में प्रथम आएगा। अंशुल छठी कक्षा में पढ़ता था। वह पढ़ाई में बहुत होशियार था, इसलिए उसको ही नहीं, वरन अध्यापकों एवं उसके मित्रों को भी पूर्ण विश्वास था कि वह ही कक्षा में प्रथम आएगा। लेकिन जब परिणाम घोषित हुआ तो अंशुल के साथ-साथ सभी हतप्रभ रह गए, क्योंकि इस बार वह नहीं, अपितु उसका मित्र मनप्रीत बाज़ी मार गया था। सबको बड़ी हैरानी हुई कि हमेशा पढ़ाई में अव्वल रहने वाला अंशुल इस बार कैसे पिछड़ गया?

वह परीक्षा परिणाम लेकर बोझिल कदमों से घर की ओर चल दिया। वह समझ नहीं पा रहा था कि यह सब कैसे हो गया? घर पहुँचकर माता-पिता को अपना परीक्षा परिणाम दिखाने की उसकी हिम्मत नहीं हो रही थी लेकिन उसके बताने से पहले ही यह समाचार उन तक पहुँच चुका था। उसके माता-पिता इस खबर से थोड़े निराश अवश्य थे, लेकिन वे इसका कारण भी जानते थे, इसलिए चुप थे। माँ ने उसे पुचकारते हुए कहा, "मेरा राजा बेटा, उदास क्यों है? यदि इस बार कक्षा में प्रथम नहीं आए तो क्या हुआ? अगले साल जमकर मेहनत करना अवश्य प्रथम आओगे।" माँ के इस प्रकार दुलारने-पुचकारने का अंशुल पर कोई असर नहीं हुआ। वह उसी प्रकार गुमसुम बैठा सोचता रहा। थोड़ी देर बाद वह उठा और अपने कमरे में चला गया। कमरे में कपड़े बदलते हुए उसकी दृष्टि अपनी अँगूठी पर पड़ी। वह काफी देर तक उस अँगूठी को देखता रहा। आज उसे माँ की दी हुई शिक्षा याद आ रही थी। माँ ने उसे कई बार टोका था, प्यार से समझाया था, डाँट भी लगाई थी, परंतु उसकी अक्ल पर तो जैसे पत्थर पड़ गए थे। उसने माँ की बात नहीं मानी। माँ समझाती रही-बेटा, इन चमत्कारी पत्थरों पर विश्वास मत करो, मेहनत करो। अंधविश्वास में पड़ोगे तो अपना ही नुकसान करोगे। यदि माँ की बात मान ली होती तो आज परिणाम कुछ और होता।

शिक्षण संकेत

- 'अब पछताए होत क्या, जब चिड़िया चुग गई खेत' का अर्थ बच्चों को समझाएँ।
- प्रस्तुत पाठ अंधविश्वासों को दूर करने की सीख देता है। बच्चों को बताएँ कि शुभ-अशुभ, होनी-अनहोनी आदि ढोंगी बाबाओं द्वारा फैलाया हुआ भ्रमजाल है। लोगों की भावनाओं से खिलवाड़ करके, उनसे धन ऐंठने के अतिरिक्त उनका और कोई उद्देश्य नहीं होता।
- बच्चों को बताएँ कि व्यक्ति अपनी मेहनत से ही सफल होता है, किसी मंत्र, तंत्र, रत्नादि से नहीं। बच्चों को अपनी मेहनत के बल पर आगे बढ़ने के लिए प्रेरित करें।

उसे सभी स्मृतियाँ एक-एक करके स्मरण हो आईं थीं कि किस प्रकार नववर्ष के अवसर पर उसकी दूर के रिश्ते की दादी आईं थीं। उन्होंने ढेर सारा प्यार लुटाया था और उपहार में यह चमत्कारी अँगूठी देकर कहा था कि यह तुम्हारी राशि के रत्न की अँगूठी है। मैंने आने से पहले इसे विशेष रूप से तुम्हारे लिए बनवाया था। इसे पहनकर कम मेहनत करके भी तुम सफलता की सीढ़ियाँ चढ़ते जाओगे। तुम्हारे मार्ग में आने वाली बाधाएँ स्वतः ही अपना मार्ग बदल लेंगी।

उस दिन यह अँगूठी पहनकर जब वह खेलने गया तो उसने कई चौके लगाकर आसानी से टीम को जीत दिला दी थी। तब से अंशुल के मन में चमत्कारी अँगूठी घर कर गई थी। वह उसके चमत्कार पर पूर्ण विश्वास करने लगा था। उसे लगने लगा था कि जब यह चमत्कारी अँगूठी उसके पास है तो उसको ज़्यादा मेहनत करने की क्या आवश्यकता है? इस प्रकार वह पढ़ाई में ध्यान देने की बजाय मौज-मस्ती और खेल-कूद में अधिक समय नष्ट करने लगा था।

माँ उसके इस परिवर्तन से चिंतित थी। उसने कई बार समझाया भी। डाँटने पर वह पढ़ने बैठ तो जाता था, पर उसको चमत्कारी अँगूठी पर इतना भरोसा था कि वह पूरा ध्यान पढ़ाई में नहीं लगाता था। पहले परीक्षा के समय वह अपने विषयों को कई-कई बार दोहरा लेता था, परंतु इस बार उसने बार-बार दोहराना ज़रूरी नहीं समझा क्योंकि उसे तो चमत्कारी अँगूठी और दादी की कही बात पर पूरा भरोसा था।

अब परिणाम हाथ में आया तो जैसे उसकी तंद्रा टूटी। सारी आशाएँ पानी में बह गईं। उसे विश्वास ही नहीं हो रहा था कि चमत्कारी अँगूठी उसके पास होते हुए भी वह पीछे रह गया। उसे अपनी दशा पर रोना आ रहा था पर अब पछताए होत क्या, जब चिड़िया चुग गई खेत। यही सोचकर वह चुप था।

थोड़ी देर बाद अंशुल कमरे से बाहर निकला और माँ का हाथ पकड़कर चमत्कारी अँगूठी उनकी हथेली पर रख दी। फिर कान पकड़कर कहा, "माँ! मुझे क्षमा कर दो। मैंने आपका कहना नहीं माना। जिसकी सज़ा मुझे मिल चुकी है। मेरी समझ में आ चुका है कि रत्नों से चमत्कार की आशा करना मूर्खता है। सफलता तो केवल मेहनत से मिलती है। अब मैं जमकर मेहनत करूँगा और कक्षा में पुनः प्रथम स्थान पाकर ही रहूँगा।" माँ ने उसे गले लगा लिया और कहा, "सुबह का भूला यदि शाम को लौट आए तो उसे भूला नहीं कहते। मैं तो तुम्हें बार-बार यही समझाने का प्रयास कर रही थी। चलो, देर आए दुरुस्त आए। अब अपनी मेहनत के बल पर ही आगे बढ़ना।"

शब्दार्थ

हतप्रभ	– हैरान, चकित, स्तब्ध	**बाज़ी मारना**	– जीत जाना
अव्वल	– प्रथम	**अक्ल पर पत्थर पड़ना**	– कुछ समझ में न आना
अंधविश्वास	– तथ्यरहित, विश्वास	**स्वतः**	– अपने-आप
परिवर्तन	– बदलाव	**तंद्रा**	– नींद

संकलनात्मक एवं रचनात्मक मूल्यांकन

मौखिक

1. **पढ़िए और बोलिए–**

परीक्षा होशियार चमत्कारी बर्बाद दुरुस्त

2. **सोचकर बताइए–**

(क) परीक्षा परिणाम को देखकर सभी हैरान क्यों रह गए?

(ख) अंशुल ने मेहनत करना क्यों छोड़ दिया था?

(ग) चमत्कारी अँगूठी अपना चमत्कार क्यों नहीं दिखा पाई?

लिखित

1. **नीचे दिए प्रश्नों के लघु उत्तर दीजिए–**

(क) अंशुल के प्रथम न आने का क्या कारण था?

....

....

(ख) अंशुल ने अपनी माँ की बात क्यों नहीं मानी?

....

....

(ग) अंशुल गुमसुम बैठा क्या सोच रहा था?

....

....

(घ) 'सफलता केवल मेहनत से मिलती है।' इस बात से आप कहाँ तक सहमत हैं?

....

....

....

2. **नीचे दिए प्रश्नों के दीर्घ उत्तर दीजिए–**

(क) क्या अँगूठी वास्तव में चमत्कारी थी? इसके पक्ष या विपक्ष में तर्क सहित उत्तर दीजिए।

....

....

....

....

....

(ख) अंशुल को अँगूठी के चमत्कार पर कैसे विश्वास हुआ?

....

....

....

....

3. **नीचे दिए प्रश्नों के सही उत्तर पर (✓) लगाइए–**

(क) अंशुल कौन-सी कक्षा में पढ़ता था?

(*i*) पाँचवीं ☐ (*ii*) छठी ☐ (*iii*) सातवीं ☐

(ख) कक्षा में कौन प्रथम आया था?

(*i*) मनप्रीत ☐ (*ii*) अंशुल ☐ (*iii*) विपुल ☐

(ग) अंशुल अपना परीक्षा परिणाम माता-पिता को क्यों नहीं दिखा पा रहा था?

(*i*) फेल हो जाने के कारण ☐

(*ii*) प्रथम न आ पाने के कारण ☐

(*iii*) अंधविश्वास के कारण ☐

(घ) अंशुल का परीक्षा परिणाम जानकर भी उसके माता-पिता क्यों चुप थे?

(*i*) क्योंकि वे अंशुल के प्रथम न आने का कारण जानते थे। ☐

(*ii*) क्योंकि वे अंशुल से नाराज़ थे। ☐

(*iii*) क्योंकि वे गूंगे थे। ☐

(ङ) अंशुल ने पढ़ाई में ज़्यादा मेहनत क्यों नहीं की थी?

(*i*) बीमारी के कारण ☐

(*ii*) दादी द्वारा मना किए जाने के कारण ☐

(*iii*) अंधविश्वास में फँसने के कारण ☐

(च) अंशुल ने अँगूठी माँ को क्यों दे दी?

(*i*) क्योंकि उसकी अँगूठी टूट गई थी। ☐

(*ii*) क्योंकि उसे नई अँगूठी चाहिए थी। ☐

(*iii*) क्योंकि उसे समझ आ गया था कि मेहनत ही सफलता की कुंजी है। ☐

भाषा ज्ञान

मुहावरे – कभी-कभी निरंतर प्रयोग एवं अभ्यास से कुछ वाक्यांश विशेष अर्थ देने लगते हैं। ये वाक्यांश मुहावरे कहलाते हैं; जैसे– अक्ल पर पत्थर पड़ना, बुद्धि भ्रष्ट होना आदि।

लोकोक्ति – लोगों में प्रचलित उक्ति को लोकोक्ति कहते हैं। लोकोक्तियाँ भूतकाल में घटी घटना या कहानियों पर आधारित होती हैं; जैसे– अब पछताए होत क्या, जब चिड़िया चुग गई खेत अर्थात समय बीतने पर सँभलने से कोई लाभ नहीं होता।

1. **नीचे दिए मुहावरे एवं लोकोक्तियों के अर्थ लिखकर वाक्य बनाइए–**

(क) बाज़ी मारना– ....

....

(ख) मेहनत का फल मीठा होता है– ....

....

(ग) सुबह का भूला, शाम को लौट आए तो उसे भूला नहीं कहते– ....

....

....

(घ) देर आए, दुरुस्त आए– ....

....

(ङ) एड़ी-चोटी का ज़ोर लगाना– ....

....

(च) फूला न समाना– ....

....

2. **नीचे दिए शब्दों के विलोम शब्द लिखिए–**

विश्वास –	आवश्यक –	होशियार – ....
मेहनती –	घोषित –	नुकसान – ....

3. **नीचे दिए वाक्यों में रेखांकित कारक का भेद बताइए–**

(क) वह पढ़ाई <u>में</u> बहुत होशियार था। **अधिकरण कारक**

(ख) दुलारने-पुचकारने <u>का</u> अंशुल पर कोई असर नहीं हुआ। ....

(ग) उसे माँ <u>की</u> दी हुई शिक्षा याद आ रही थी। ....

(घ) माँ <u>ने</u> उसे कई बार समझाया था। ....

4. **नीचे दिए रंगीन सर्वनाम शब्दों के सही भेद पर (✓) लगाइए–**

(क) **उसका** परीक्षा परिणाम आने वाला था।

(*i*) प्रश्नवाचक सर्वनाम ☐ (*ii*) पुरुषवाचक सर्वनाम ☐

(*iii*) निजवाचक सर्वनाम ☐ (*iv*) निश्चयवाचक सर्वनाम ☐

(ख) **यह** एक चमत्कारी अँगूठी है।

(*i*) निश्चयवाचक सर्वनाम ☐ (*ii*) अनिश्चयवाचक सर्वनाम ☐

(*iii*) संबंधवाचक सर्वनाम ☐ (*iv*) पुरुषवाचक सर्वनाम ☐

(ग) **वह** बोझिल कदमों से घर की ओर चल दिया।

(*i*) निजवाचक सर्वनाम ☐ (*ii*) अनिश्चयवाचक सर्वनाम ☐

(*iii*) पुरुषवाचक सर्वनाम ☐ (*iv*) निश्चयवाचक सर्वनाम ☐

(घ) **जो** मेहनत करेगा, वह प्रथम आएगा।

(*i*) पुरुषवाचक सर्वनाम ☐ (*i*) संबंधवाचक सर्वनाम ☐

(*iii*) प्रश्नवाचक सर्वनाम ☐ (*iv*) निश्चयवाचक सर्वनाम ☐

कहानी से आगे

- यदि वास्तव में चमत्कारी अँगूठी बनने लगे तो समाज में कौन-कौन से परिवर्तन देखने को मिलेंगे? कल्पना कीजिए।
- यदि अंशुल की जगह आपको चमत्कारी अँगूठी दे दी जाती तो आप क्या करते?

नन्हे हाथों से

- **यह चित्र एक प्रसिद्ध लोकोक्ति को दर्शा रहा है। लोकोक्ति को समझकर एक छोटी-सी कहानी लिखिए और शीर्षक भी दीजिए।**

....

....

....

कुछ करने को

- भारत विभिन्न धर्मों का देश है। यहाँ अंधविश्वास बड़ी तेज़ी से फैलता है। इसके प्रमुख कारणों को जानने का प्रयास कीजिए। किसी क्षेत्र-विशेष से जुड़े अंधविश्वासों के बारे में पता लगाइए और उन पर एक परियोजना तैयार कीजिए। साथ ही इनके निवारण के उपाय भी बताइए।
- अपने आस-पास फैले अंधविश्वासों की सूची बनाइए; जैसे- काली बिल्ली रास्ता काट जाए तो काम नहीं बनता, कोई छींक दे तो अशुभ होता है आदि। इन अंधविश्वासों को न मानकर इनके विपरीत कार्य करके देखिए क्या होता है? अपने अनुभव लिखिए और अपने मित्रों को भी बताइए।

आप क्या करेंगे

- यदि कोई ढोंगी बाबा आपके माता-पिता से भविष्य में आने वाले संकटों के निवारण हेतु धन ऐंठ रहा हो और आप इस सच्चाई से परिचित हैं कि भविष्य में क्या होने वाला है, यह कोई नहीं बता सकता। आज तक विज्ञान भी ऐसा कोई यंत्र नहीं बना पाया जो यह बता सके, तो आप क्या करेंगे?

4 हीरा

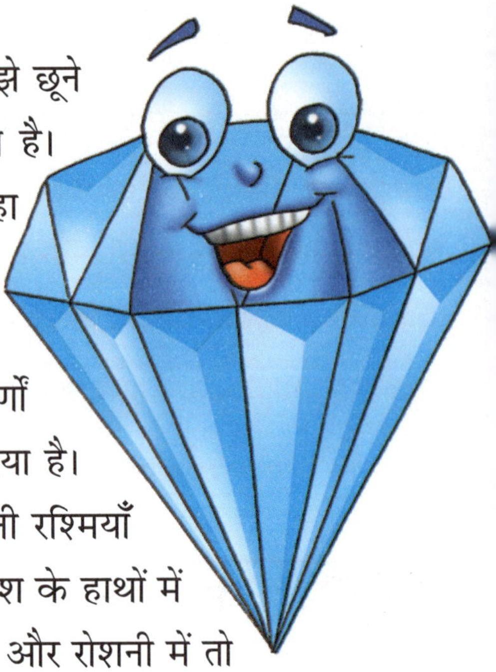

मैं एक हीरा हूँ, पारदर्शी हीरा। मेरे रूप और आकार को देखकर लोग मुझे छूने को लालायित हो उठते हैं। पर यह रूप-सौंदर्य मुझे ऐसे ही नहीं मिला है। इसके लिए मैं पृथ्वी के गर्भ में हज़ारों वर्षों तक प्रचंड ज्वाला में जलता रहा हूँ। जब मैं पृथ्वी से बाहर आया तब मैं केवल एक कंकड़ के समान था। इस उज्ज्वल रूप को पाने के लिए मैंने कितनी यातनाएँ सहीं और कितनी कठोर तपस्या की है, यह मेरे अतिरिक्त कोई नहीं जानता। मैं समस्त वर्णों और प्रकाश से शून्य था। हीरातराश ने तराशकर मुझे यह कृत्रिम रूप दिया है। यद्‌यपि मेरा अपना कोई मौलिक प्रकाश नहीं है पर हीरातराश मुझमें इतनी रश्मियाँ भर देता है कि मेरा रूप निखरकर चमकीला बन जाता है। कुशल हीरातराश के हाथों में जाकर मैं इतना प्रकाशमान हो जाता हूँ कि अँधेरे में भी चमकने लगता हूँ और रोशनी में तो किसी की भी आँखें मेरी चमक को नहीं सह सकतीं।

मुझे धरती के गर्भ से बाहर निकालने का कार्य राजा छत्रसाल ने किया। कई सौ वर्ष पहले राजा छत्रसाल ने अपनी राजधानी मध्य प्रदेश के पन्ना में बसाई थी। उन्होंने ही मुझे पहचानकर इस दुनिया के सामने रखा। मैं तो धरती में लगभग तीन सौ मीटर नीचे दबा, अपने बाहर आने की प्रतीक्षा कर रहा था। मैं और मेरा सहोदर कोयला धरती के गर्भ में न जाने कब से सोये पड़े थे। पर एक दिन मेरे सहोदर कोयले को उपयोगी समझकर लोगों ने उसे धरती के गर्भ से निकाल लिया और कोयला भी मुझे भूल स्वतंत्रता से इधर-उधर घूमने लगा। वह निरंतर लोगों की सेवा करके परोपकार में लगा था और मैं बाहर निकाले जाने की प्रतीक्षा में यह सोचकर विकल हुआ जा रहा था कि कहीं तो कोई ऐसा होगा जो मेरी भी कीमत पहचानेगा। अंततः वह दिन भी आ गया जब मुझे दुनिया में पहचान मिली। मैं बाहर आया और लोगों ने मुझे सिर-आँखों पर बिठाया। मैं शान से इठलाता हुआ धनिक लोगों की शान में चार चाँद लगाता रहा। धनिकों ने मुझे सहेजकर अपनी तिजोरियों में रखकर मुझ पर सैकड़ों ताले व पहरे लगा दिए पर मैंने कभी उफ़ तक नहीं की। मैं

शिक्षण संकेत

- प्रस्तुत पाठ का मूल उद्देश्य बच्चों को आत्मकथात्मक शैली से परिचित कराना है। बच्चों से रोचक ढंग से पाठ पढ़वाएँ और आत्मकथा लिखने के लिए प्रेरित करें।

अपने सहोदर की तलाश में बाहर आना चाहता था परंतु लोगों ने उसमें और मुझमें ज़मीन-आसमान का अंतर पैदा कर दिया और मैं चाहकर भी उससे नहीं मिल सका। सेठ और व्यापारियों की तिजोरियाँ ही मेरा भाग्य बन गईं और मुझे ऊँची-से-ऊँची कीमत पर बेचा व खरीदा जाने लगा।

पहले मैं राजाओं के सिंहासन और मुकुटों में जड़कर दुनिया की झलक पा लेता था और उस समय तो मैं गर्व से फूला नहीं समाता था जब लोग मेरे अर्थात राजा के आगे सिर झुकाते थे, पर अब तो सेठों की तिजोरियाँ ही मेरे लिए काल-कोठरियाँ बन गई हैं। मैं सोचता हूँ कि जब मुझे कैद में ही रहना था तो बाहर आया ही क्यों? मुझे इस बात का बड़ा अफ़सोस होता है जब लोग मुझे पाकर अपना सुख-चैन खो देते हैं कि कहीं मैं चोरी न हो जाऊँ। उनकी नकारात्मक सोच उन्हें रातभर आराम से सोने भी नहीं देती। कहते हैं, सोच का असर होता है। उनकी नकारात्मक सोच के चलते मैं अक्सर चोरों द्वारा चुरा लिया जाता हूँ। फिर पकड़े जाने के डर से चोर मुझे लिए मारे-मारे फिरते हैं। कभी-कभी तो मैं चोरों के द्वारा ऐसी जगह दबा या छिपा दिया जाता हूँ, जहाँ मेरे होने की संभावना नगण्य होती है। ऐसे में यदि मैं किसी निर्मोही संन्यासी के हाथों में पड़ जाऊँ तो वह मुझे अपने मैले-कुचैले झोले में लिए फिरता है। उसके लिए मैं एक चमकते पत्थर से ज़्यादा कुछ नहीं होता। वह मुझे लिए तब तक घूमता रहता है जब तक कि वह किसी पर अत्यधिक प्रसन्न न हो जाए या फिर किसी बालक के रूदन को रोकने के लिए वह मुझे उसके हाथ में देकर चलता न बने। बालक भी मुझे उछालकर, पकड़कर, रगड़कर और फिर अनोखा पत्थर समझकर अपनी संगृहीत वस्तुओं में शामिल कर लेता है। बालक के हाथों में जाकर मैं कुछ राहत पाता हूँ कि कोई तो ऐसा है जो मुझे पाकर भी रात में चैन की नींद सो सकता है।

मैं सबसे ज्यादा खुश तब होता हूँ जब मुझसे निर्मित आभूषणों का प्रयोग सगाई और विवाह समारोह जैसे अवसरों पर तोहफे के रूप में वर-वधू की सुंदरता बढ़ाने के लिए किया जाता है। किसी विवाहिता के गले का हार बनकर या फिर कोमल अँगुलियों का स्पर्श पाकर मैं धन्य हो उठता हूँ। तब मैं सोचता हूँ कि शायद इसी प्रकार मैं दुनिया की कुछ झलक पा सकूँ और अपने सहोदर को खोज सकूँ। पर अकसर कुछ समय बाद मैं फिर से तिजोरी की शान बढ़ा रहा होता हूँ।

मेरा हृदय उस समय सबसे अधिक विदीर्ण हो जाता है जब कोई मेरा सही

मूल्य जानते हुए भी कम आँकता है। जो मुझे नहीं जानते वे मेरा निरादर करें तो कोई बात नहीं पर जो जानते हैं वो तो कम-से-कम मेरा अपमान न करें। अकसर जौहरियों द्वारा मेरा मूल्य कम बताकर मुझे खरीद लिया जाता है फिर उससे कई गुणा अधिक कीमत जो मेरा सही मूल्य है, पर बेचकर वह बहुत लाभ कमाते हैं। क्या उन्हें ऐसा करना शोभा देता है? अपने लाभ के लिए दूसरों का निरादर करना कहाँ तक उचित है? खैर, मैं ठहरा दुनिया की सबसे कठोरतम वस्तु। मुझे ऐसी छोटी-छोटी बातों का दुख नहीं होना चाहिए। मुझे तो अपनी कठोरता व चमक पर नाज़ होना चाहिए और हो भी क्यों नहीं, आखिर मैं दुनिया में बेशकीमती जो ठहरा। अपनी चमक बिखेरकर लोगों को आकर्षित करना मेरा काम है और लोगों का काम मुझे संवारना और सहेजना है। मैं अपने सहोदर से कभी नहीं मिल पाऊँगा पर लोगों के दिल में मेरे लिए जो अपनत्व और प्यार है, वही मेरे लिए काफी हैं। फिर चाहे वो मुझे तालों में रखें या गले से लगाएँ।

शब्दार्थ

पारदर्शी	जिसके आर-पार देखा जा सके	प्रचंड	भीषण, प्रबल
यातना	तकलीफ, कष्ट	कृत्रिम	बनावटी
मौलिक	मूल-संबंधी	उपयोगी	लाभदायक
परोपकार	दूसरों की भलाई	प्रतीक्षा	इंतज़ार
विकल	परेशान	नगण्य	न के बराबर
निर्मोही	जिसे किसी से मोह न हो	विदीर्ण	टूटा हुआ, निहत

संकलनात्मक एवं रचनात्मक मूल्यांकन

मौखिक

1. पढ़िए और बोलिए–

उज्ज्वल   तिजोरियाँ   व्यापारियों   नकारात्मक   निर्मोही

2. सोचकर बताइए–

(क) हीरा बाहर क्यों आना चाहता था?

(ख) हीरे को पहचान किसने दिलाई?

(ग) हीरे का निरादर कौन और कैसे करता है?

लिखित

1. नीचे दिए प्रश्नों के लघु उत्तर दीजिए–

(क) हीरे के रूप को कृत्रिम क्यों कहा गया है?

....

....

(ख) हीरे को किस बात का अफ़सोस है?

....

....

(ग) हीरा कहाँ पहुँचकर राहत महसूस करता है और क्यों?

....

....

(घ) हीरे का हृदय सबसे अधिक आहत कब होता है?

....

....

2. नीचे दिए प्रश्नों के दीर्घ उत्तर दीजिए–

(क) हीरा चाहकर भी अपने सहोदर से क्यों नहीं मिल पाता? विस्तृत विवेचना कीजिए।

....

....

....

....

(ख) हीरे की चमक का क्या रहस्य है? वर्णन कीजिए।

....

....

....

....

3. नीचे दिए प्रश्नों के उपयुक्त उत्तर पर (✓) का चिह्न लगाइए–

(क) हीरे को रूप और सौंदर्य किसने प्रदान किया है?

(*i*) व्यापारी ने ☐ (*ii*) हीरातराश ने ☐ (*iii*) संन्यासी ने ☐

(ख) हीरा कहाँ सोया पड़ा था?

(*i*) पृथ्वी के गर्भ में ☐ (*ii*) समुद्र की तलहटी में ☐

(*iii*) पहाड़ों की चोटियों पर ☐

(ग) हीरे का सहोदर कौन है?

(*i*) पन्ना ☐ (*ii*) मूँगा ☐ (*iii*) कोयला ☐

(घ) हीरे ने किसे काल-कोठरियाँ कहा है?

(*i*) जेल को ☐ (*ii*) तिजोरियों को ☐ (*iii*) खदानों को ☐

(ङ) हीरे को पाकर लोग क्या खो देते हैं?

(*i*) धन ☐ (*ii*) मान-सम्मान ☐ (*iii*) सुख-चैन ☐

(च) हीरा धरती के गर्भ में कितनी गहराई में दबा हुआ था?

(*i*) सौ मीटर ☐ (*ii*) दो सौ मीटर ☐ (*iii*) तीन सौ मीटर ☐

भाषा ज्ञान

वचन– शब्द के जिस रूप से उसके एक या अनेक होने का बोध हो, उसे वचन कहते हैं। कुछ शब्द नित्य एकवचन में प्रयुक्त होते हैं तो कुछ शब्द नित्य बहुवचन में प्रयोग किए जाते हैं। कुछ शब्दों के बहुवचन रूप कारक रहित तथा कारक सहित अलग-अलग होते हैं।

1. पाठ को ध्यान से पढ़कर नित्य एकवचन शब्द ढूँढ़कर लिखिए–

....

2. नीचे दिए शब्दों के वचन बदलकर लिखिए–

एकवचन	बहुवचन (कारक रहित)	बहुवचन (कारक सहित)
माला	मालाएँ	मालाओं को
तिजोरी	....	....
हीरा	....	....
अँगुली	....	....
यातना	....	....
वस्तु	....	....

चोर	अनेक चोर	चोरों को
फल	....	....
वृक्ष	....	....

3. पर्यायवाची शब्द लिखिए–

ज्वाला –	....	....	हाथ –	....	....
प्रकाश –	....	....	अँधेरा –	....	....
धरती –	....	....	दुनिया –	....	....
रात –	....	....	पत्थर –	....	....

4. नीचे दिए शब्दों से प्रत्यय अलग करके लिखिए–

शब्द	मूल शब्द		प्रत्यय	शब्द	मूल शब्द		प्रत्यय
स्वतंत्रता	...**स्वतंत्र**...	+	....**ता**....	उपयोगी	....	+	....
सुंदरता	....	+	....	संगृहीत	....	+	....
मौलिक	....	+	....	कीमती	....	+	....

आत्मकथा से आगे

- यदि लोग कोयले के साथ हीरे जैसा व्यवहार करना शुरू कर दें तो क्या होगा? क्या यह संभव है?
- क्या सोचकर पहली बार किसी हीरातराश ने हीरे को सुंदर रूप प्रदान किया होगा? कल्पना करके उत्तर दीजिए।

कुछ करने को

- हीरे की खदानें मध्य प्रदेश के पन्ना में पाई जाती हैं। इसके अतिरिक्त हीरे की खदानें और कहाँ-कहाँ पाई जाती हैं? पता लगाइए।
- हीरा और कोयला धरती के गर्भ से निकाले जाते हैं। इनके अतिरिक्त और कौन-कौन सी उपयोगी एवं कीमती वस्तुएँ धरती के अंदर पाई जाती हैं? सूची तैयार कीजिए।

नन्हे हाथों से

- **हीरे के सहोदर (कोयले) की आत्मकथा उत्तर पुस्तिका में अपने शब्दों में लिखिए।**
- **चित्र देखकर बताइए कि इनमें से किस-किस में हीरे का प्रयोग किया जाता है। उस पर (✓) का चिह्न लगाइए।**

आप क्या करेंगे

- यदि विद्यालय में कोई बच्चा कीमती उपकरण ले आए और वह चोरी हो जाए। आप जानते हैं कि उपकरण किसने चुराया है किंतु चुराने वाला झगड़ालू और आपसे कहीं अधिक बलवान है तब आप क्या करेंगे?
- यदि आपके सामने किसी आदमी का मोबाइल जेब से गिर जाए और वह बस पकड़ने की जल्दी में इस ओर ध्यान न दे और बस तेज़ी से आगे बढ़ जाए तब आप क्या करेंगे?

क्या आप जानते हैं?

(क) 'श्वेत क्रांति' से क्या अभिप्राय है?

(i) खाद्य उत्पादन में वृद्धि ☐ (ii) दुग्ध उत्पादन में वृद्धि ☐

(iii) वस्त्र उत्पादन में वृद्धि ☐ (iv) निर्यात में वृद्धि ☐

(ख) 'हरित क्रांति' किससे जुड़ी है?

(i) उद्योग से ☐ (ii) शिक्षा से ☐

(iii) कृषि से ☐ (iv) जनसंख्या से ☐

(ग) कोसी नदी से किस राज्य में प्रतिवर्ष बाढ़ की स्थिति उत्पन्न हो जाती है?

(i) उत्तर प्रदेश ☐ (ii) उत्तराखंड ☐

(iii) राजस्थान ☐ (iv) बिहार ☐

(घ) भारत की सबसे लंबी सुरंग कौन-सी है?

(i) जवाहर सुरंग ☐ (ii) मालगुड़ी सुरंग ☐

(iii) पीर पंजाल सुरंग ☐ (iv) भटान सुरंग ☐

(ङ) भारत का सबसे बड़ा बाँध कौन-सा है?

(i) भाखड़ा नांगल बाँध ☐ (ii) हीराकुंड बाँध ☐

(iii) महात्मा गांधी सेतु ☐ (iv) लक्ष्मण झूला ☐

(च) वह कौन-सा स्थल है जहाँ गंगा, यमुना और सरस्वती का संगम होता है?

(i) वाराणसी ☐ (ii) इलाहाबाद ☐

(iii) हरिद्वार ☐ (iv) गंगोत्री ☐

(छ) कुंभ के मेले का आयोजन कितने वर्षों बाद किया जाता है?

(i) चार वर्ष ☐ (ii) छह वर्ष ☐

(iii) बारह वर्ष ☐ (iv) दस वर्ष ☐

(ज) जनसंख्या की दृष्टि से भारत विश्व में कौन-से स्थान पर है?

(*i*) पाँचवें (*ii*) तीसरे

(*iii*) दूसरे (*iv*) पहले

(झ) 20-20 क्रिकेट मैच में प्रत्येक टीम को कितने ओवर खेलने होते हैं?

(*i*) दस (*ii*) बीस

(*iii*) तीस (*iv*) पचास

(ञ) वॉलीबॉल की एक टीम में कितने खिलाड़ी होते हैं?

(*i*) पाँच (*ii*) दस

(*iii*) ग्यारह (*iv*) छह

(ट) गीत सेठी किस खेल से संबंधित हैं?

(*i*) विलियर्ड्स (*ii*) पोलो

(*iii*) शतरंज (*iv*) टेनिस

(ठ) क्रिकेट के किस महान खिलाड़ी को राज्यसभा का सदस्य बनाया गया है?

(*i*) कपिल देव (*ii*) सुनील गावस्कर

(*iii*) चेतन शर्मा (*iv*) सचिन तेंदुलकर

(ड) दोनों टीम बराबरी पर हों तब फ्री हीट देकर किस खेल में हार-जीत का निर्णय किया जाता हैं।

(*i*) फुटबॉल (*ii*) क्रिकेट

(*iii*) वॉलीबॉल (*iv*) बैडमिंटन

(ढ) भारतीय महिला मुक्केबाज मैरी कॉम के जीवन पर आधारित फिल्म में किस अभिनेत्री ने मुख्य भुमिका निभाई है?

(*i*) विद्‌या बालन (*ii*) रानी मुखर्जी

(*iii*) माधुरी दीक्षित (*iv*) प्रियंका चौपड़ा

5 नीलू

नीलू की कथा उसकी माँ के बिना अधूरी है। उसकी अल्सेशियन माँ लूसी के नाम से पुकारी जाती थी। हिरनी के समान वेगवती, साँचे में ढली हुई देह, जिस पर काला आभास देने वाले भूरे-पीले रोम, बुद्धिमानी का पता देने वाली काली पर छोटी आँखें, सजग खड़े कान और सघन, रोएँदार तथा पिछले पैरों के टखनों को छूने वाली पूँछ, सब कुछ उसे राजसी विशेषता देता था। थी भी तो वह सामान्य कुत्तों से भिन्न।

उत्तरायण में दो पहाड़ियों के बीच से एक पगडंडी मोटर मार्ग तक जाती थी, उसके अंत में मोटर-स्टॉप पर एक ही दुकान थी, जिससे आवश्यक खाद्य सामग्री प्राप्त की जा सकती थी। शीतकाल में यह रास्ता बर्फ़ से ढक जाता था। उस समय दुकान तक पहुँचने में असमर्थ उत्तरायण के निवासी, लूसी के गले में रुपये और सामग्री की सूची के साथ एक बड़ा थैला या चादर बाँधकर उसे सामान लाने के लिए भेज देते थे। बर्फ़ में मार्ग बना लेने की सहज चेतना के कारण वह सारी रुकावटों को पारकर दुकान तक पहुँच जाती। दुकानदार रुपये, सूची आदि लेने के उपरांत सामान की गठरी उसके गले या पीठ से बाँध देता और लूसी सारे बोझ के साथ बर्फ़ीला मार्ग पार करती हुई सकुशल लौट आती। किसी-किसी दिन तो उसे कई बार आना-जाना पड़ता था पर उसे कभी किसी से कोई शिकायत नहीं हुई। गले में कपड़ा बँधते ही वह तीर की भांति दुकान की दिशा में चल देती थी।

शिक्षण संकेत

- बच्चों को बताएँ कि प्रसिद्ध लेखिका महादेवी वर्मा ने रेखाचित्र के माध्यम से अपने पालतू जीवों की सहृदयता, विवेकशीलता एवं मनोभावों का बड़ा ही सरल, सहज व सजीव वर्णन किया है।
- इस पाठ का मूल उद्देश्य जीवों के प्रति दया की भावना का विकास करना है। बच्चों में निरीह प्राणियों के प्रति संवेदनशीलता जगाएँ और उनको न सताने की सीख दें।

एक दिन किसी पर्वतीय गाँव से बर्फ़ में भटकता हुआ एक भूटिया कुत्ता दुकान पर आ गया और लूसी से उसकी मैत्री हो गई। कुछ महीने बाद सर्दियों में लूसी ने दो बच्चों को जन्म दिया, किंतु उनमें से एक शीत के कारण मर गया और दूसरा उस ठिठुरते परिवेश से जूझने लगा। चार-पाँच दिन के बच्चे को छोड़कर लूसी फिर से दुकान तक आने-जाने लगी थी। एक संध्या के झुटपुटे में लूसी ऐसी गई कि फिर लौट ही न सकी। शीतकाल में घ्राणशक्ति कुंठित हो जाने के कारण कुत्ते लकड़बग्घे की गंध पाने में असमर्थ रहते हैं और अनायास ही उसका आहार बन जाते हैं। लूसी के साथ भी कुछ ऐसा ही हुआ था।

लूसी का बच्चा जिसकी एक दिन पहले ही आँखें खुली थीं, वह माँ के दूध के अभाव में शोर मचाने लगा। दुग्ध-चूर्ण से दूध बनाकर उसे पिलाया जाता, पर रजाई में भी वह माँ के पेट की उष्णता खोजता और न पाने पर रोता-चिल्लाता रहता। अंत में मैनें उसे कोमल ऊन और अधबुने स्वेटर की डलिया में रख दिया, जहाँ वह माँ के सामीप्य सुख के भ्रम में सो गया। डलिया में वह ऊन की गेंद जैसा ही लगता था। प्रयाग से लौटते समय उसे भी साथ लाना पड़ा।

बड़ा होने पर रोमों के भूरे, पीले और काले रंगों के मिलन से वह एक विशेष प्रकार का धूप-छाँही हो गया था। धूप पड़ने पर एक रंग की झलक मिलती थी, छाँह में दूसरे की और दीये के उजाले में तीसरे की। उसके कानों की चौड़ाई और नुकीलेपन में भी कुछ नवीनता थी। सिर अन्य कुत्तों के सिर से बड़ा, चौड़ा तथा लंबोतरा, पर सुडौल था। पूँछ अल्सेशियन कुत्तों की पूँछ के समान सघन रोमों से युक्त, ऊपर की ओर मुड़ी हुई एवं कुंडलीदार थी। पैर अल्सेशियन कुत्तों के पैरों के समान लंबे, पर पंजे भूटिये के समान मज़बूत, चौड़े और मुड़े हुए नाखूनों से युक्त थे। गोल और काली कोर वाली आँखों का रंग शहद के रंग के समान था, जो धूप में तरल सुनहला हो जाता था और छाया में जमे हुए मधु-सा पारदर्शी लगता था। आकृति की विशेषता के साथ-साथ उसके बल और स्वभाव में भी विशेषता थी। ऊँची-ऊँची दीवारों को भी वह एक छलाँग में पार कर लेता था। रात्रि में उसका एक बार भौंकना ही वातावरण की स्तब्धता को कंपित कर देता था।

मैंने अनेक कुत्ते देखे और पाले हैं, किंतु कुत्ते के दैन्य से रहित और अलभ्य दर्प से युक्त मैंने केवल नीलू को ही देखा है। उसके प्रिय-से-प्रिय खाद्य पदार्थ को भी यदि अवज्ञा से फेंककर दिया जाता, तो वह उसकी ओर देखता तक नहीं था। यदि उसे किसी बात पर झिड़क दिया जाता तो बिना मनाए वह मेरे सामने ही न आता था। विगत बारह वर्षों से उसके बैठने का स्थान मेरे घर का बाहरी बरामदा ही रहा, जिसकी ऊपरी सीढ़ी पर पोर्टिको के सामने बैठकर वह आने-जाने वालों का निरीक्षण करता रहता था। मुझसे मिलने वालों में प्रायः वह सबको पहचानता था। किसी विशेष परिचित को आया हुआ देखकर वह धीरे-धीरे मेरे कमरे के दरवाज़े पर आकर खड़ा हो जाता था। उसका इस प्रकार आना ही मेरे लिए किसी मित्र की उपस्थिति की सूचना देता था। मुझसे 'आ रही हूँ' सुनने के उपरांत वह पुनः बाहर अपने निश्चित स्थान पर जा बैठता था।

कुत्ते भाषा नहीं जानते, केवल ध्वनि पहचानते हैं। नीलू का ध्वनि-ज्ञान इतना विस्तृत और गहरा था कि उससे कुछ कहना भाषा जानने वाले मनुष्य से बात करने के समान था। बाहर या रास्ते में घूमते हुए यदि कोई उससे कह देता, 'गुरु जी तुम्हें ढूँढ़ रही थीं नीलू।' तो वह विद्युत गति से चारदीवारी कूदकर मेरे कमरे के सामने आकर खड़ा हो जाता। फिर 'कोई काम नहीं है, जाओ' कहने तक वह मूर्तिवत खड़ा रहता। कभी-कभी मैं किसी कार्य में व्यस्त होने के कारण उसकी उपस्थिति जान ही नहीं पाती तो उसे बहुत समय तक बिना हिले-डुले खड़ा रहना पड़ता था।

हिंसक और क्रोधी भूटिये बाप और आखेटप्रिय अल्सेशियन माँ से जन्म पाकर भी उसमें हिंसक प्रवृत्ति का कोई चिह्न नहीं था। तेरह वर्ष के जीवनकाल में उसे किसी पशु-पक्षी पर झपटते या मारते नहीं देखा गया। उसका यह स्वभाव मेरे लिए ही नहीं, देखने वालों के लिए भी आश्चर्य की बात थी। मेरे बँगले के रोशनदानों में प्रायः गौरेयाँ तिनकों से घोंसले बना लेती थीं। मुझे उनके परिश्रमपूर्वक बनाए हुए घोंसले उजाड़ना अच्छा नहीं लगता था। अतः कालांतर में उनमें अंडों और पक्षी-शावकों की सृष्टि बस जाती थी। अंकुर जैसे पंख निकलते ही वे पक्षी-शावक उड़ने के असफल प्रयास में रोशनदानों से नीचे गिरने लगते थे। उन दिनों नीलू उनके सतर्क पहरेदार का कर्त्तव्य निभाता था। उसके भय से कोई भी कुत्ता-बिल्ली उन नादान उड़ने-गिरने वालों को हानि पहुँचाने का साहस नहीं कर पाता था। कभी-कभी बहुत छोटे पक्षी-शावकों को पुनः घोंसले में रखवाने के लिए वह हौले से मुख में दबाकर मेरे पास ले आता था। जब तक रोशनदान में सीढ़ी लगवाकर मैं उस बच्चे को घोंसले में पहुँचाने की व्यवस्था न कर देती, तब तक वह या तो बड़ी कोमलता से उसे मुँह में दबाए खड़ा रहता या मेरे हाथ में देकर प्रतीक्षा की मुद्रा में देखता रहता। सवेरे नियमानुसार जब मैं मोर, खरगोश आदि को दाना देने निकलती, तब वह चाहे जाड़ा हो, चाहे बरसात,

मुझे दरवाज़े पर ही मिलता और मेरे साथ-साथ ही घूमता। सबके सो जाने पर वह गरमियों में बाहर लॉन में और सरदियों में बरामदे में तख़्त पर बैठकर पहरेदारी करता। रात में कई-कई बार वह पूरे कंपाउंड और पशु-पक्षियों के घर के चक्कर लगाता रहता।

एक रात मेरे खरगोश बिल खोदते-खोदते पड़ोस के कंपाउंड में जा निकले। उनमें से कई जो इस अभियान में अगुआ थे, जंगली बिल्ले द्वारा मार दिए गए। अतः एक के पीछे एक निकलते हुए खरगोशों को बिल्ले का आहार बन जाना पड़ा किंतु उनके सौभाग्य से नीलू ने संभवतः पत्तियों की सरसराहट से सजग होकर चारदीवारी के पार देखा होगा और खरगोशों पर आए संकट को पहचान लिया होगा। उसके कूदकर दूसरी ओर पहुँचते ही बिल्ला तो भाग गया, परंतु खरगोशों को बाहर निकलने से रोकने के लिए वह रातभर ओस से भीगता हुआ सुरंग के द्वार पर खड़ा रहा। यह परोपकार नीलू के लिए बहुत महँगा पड़ा, क्योंकि उसे सरदी लगने से निमोनिया हो गया और कई दिनों तक इंजेक्शन, दवा आदि का कष्ट झेलना पड़ा। वैसे वह शांत भाव से कड़वी दवाई पी लेता और सुई भी लगवा लेता था।

एक बार मोटर दुर्घटना में घायल होने पर मुझे अस्पताल जाना पड़ा। तब संध्या तक मेरी प्रतीक्षा करके और कपड़े, चादर-कंबल आदि सामान अस्पताल ले जाने वालों की हड़बड़ी देखकर उसे न जाने कैसे सब पता चल गया। तीन दिनों तक उसने न कुछ खाया न पीया, तब डॉक्टर से अनुमति लेकर उसे अस्पताल लाया गया। मुझे अच्छी तरह चारों ओर से देखने के बाद वह मेरे सामने ही ज़मीन पर बैठ गया। तब से हर दूसरे दिन अस्पताल न ले जाने पर वह अनशन आरंभ कर देता इसलिए अस्पताल में वह नियमित रूप से मिलने आने वालों में गिना जाने लगा तथा डॉक्टर और नर्स सभी से परिचित हो गया। नीलू को चौदह वर्षों का जीवन मिला था और जन्म से मृत्यु के क्षण तक वह मेरे पास ही रहा। मेरे पास अनेक जीव-जंतु हैं, परंतु जिसके बुरा मान जाने की मुझे चिंता हो, ऐसा अब कोई नहीं रहा।

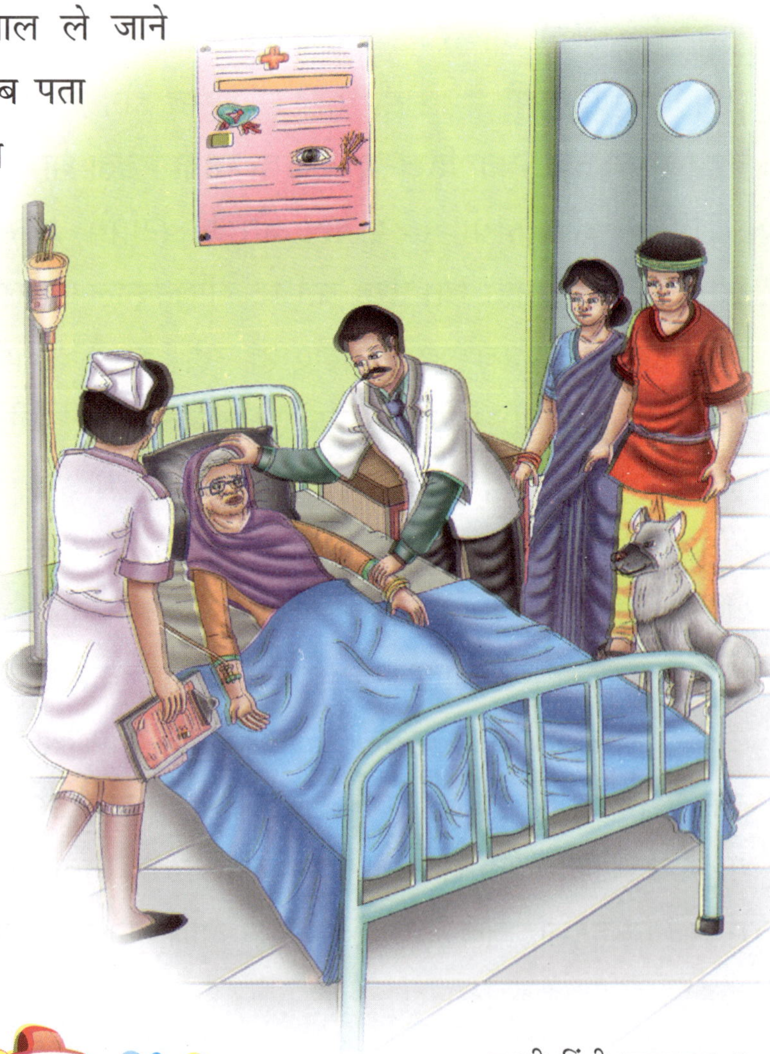

–महादेवी वर्मा

छायावाद की प्रमुख लेखिका महादेवी वर्मा का जन्म उत्तर प्रदेश के फ़र्रुखाबाद में सन 1907 में हुआ था। उनकी शिक्षा-दीक्षा प्रयाग में हुई। वे प्रयाग में महिला विद्यापीठ की प्राचार्या थीं। उन्होंने लड़कियों की शिक्षा के लिए काफ़ी प्रयत्न किए। सन 1987 में इनका निधन हो गया। तत्सम शब्दों का प्रयोग तथा काव्य-सौंदर्य इनकी विशेषता है। इनकी साहित्य-साधना में स्वतंत्रता आंदोलन की प्रेरणा, नारी की वास्तविक स्थिति का उत्कृष्ट चित्रण है। इन्हें 'ज्ञानपीठ पुरस्कार' तथा 'पद्मविभूषण' से अलंकृत किया गया। नीरजा, सांध्यगीत, नीहार, दीपशिखा, यामा, अतीत के चलचित्र, स्मृति की रेखाएँ आदि इनकी प्रसिद्ध रचनाएँ हैं। इनकी भाषा-शैली सरल, स्पष्ट एवं चित्रात्मक है।

शब्दार्थ

वेगवती	– वेग से युक्त, बहुत तेज़ भागने वाली	**सघन**	– बहुत घनी
पगडंडी	– संकरा रास्ता	**उपरांत**	– बाद में
मैत्री	– दोस्ती, मित्रता	**परिवेश**	– पर्यावरण, वातावरण
घ्राणशक्ति	– सूंघने की शक्ति	**पारदर्शी**	– जिसके आर-पार दिखाई दे
स्तब्धता	– जड़ता, स्थिरता	**अलभ्य**	– जो न मिलता हो, दुर्लभ
दर्प	– घमंड, अभिमान	**अवज्ञा**	– अनादर, उपेक्षा
मूर्तिवत	– बिना हिले-डुले, मूर्ति की तरह	**आखेट**	– शिकार
प्रवृत्ति	– मन का झुकाव, आचार-व्यवहार	**अभियान**	– दल या समूह के रूप में किसी कार्य को करना
अगुआ	– आगे चलने वाला, नेता, मुखिया		

इन्हें ऐसे भी लिख सकते हैं–

खाद्य – खाद्य **प्रवृत्ति** – प्रवृत्ति **द्वारा** – द्वारा

संकलनात्मक एवं रचनात्मक मूल्यांकन

मौखिक

1. पढ़िए और बोलिए–

पगडंडी घ्राणशक्ति सामीप्य अल्सेशियन स्तब्धता

2. **सोचकर बताइए–**

(क) सामान लाने के लिए लूसी को क्यों भेजा जाता था?

(ख) 'नीलू में हिंसक प्रवृत्ति का कोई चिह्न नहीं था।' लेखिका ने ऐसा किस आधार पर कहा है? स्पष्ट कीजिए।

लिखित

1. **नीचे दिए प्रश्नों के लघु उत्तर दीजिए–**

(क) लूसी के न लौटने का क्या कारण था?

....

....

(ख) नीलू को उसकी माँ के सामीप्य के भ्रम में कैसे रखा जाता था?

....

....

(ग) लेखिका ने नीलू को 'कुत्ते के दैन्य से रहित व अलभ्य दर्प से युक्त' क्यों कहा है?

....

....

2. **नीचे दिए प्रश्नों के दीर्घ उत्तर दीजिए–**

(क) नीलू की स्वभावगत विशेषताओं का वर्णन कीजिए।

....

....

....

....

(ख) कुत्ते भाषा नहीं जानते, फिर भी उन्हें कही बातें वे कैसे समझ लेते हैं? उदाहरण देकर समझाइए।

....

....

....

....

(ग) नीलू को निमोनिया होने का क्या कारण था? घटना का वर्णन अपने शब्दों में कीजिए।

....

....

....

....

3. नीचे दिए प्रश्नों के उपयुक्त उत्तर पर (✓) का चिह्न लगाइए–

(क) नीलू की माँ कौन–सी जाति की थी?

(*i*) अल्सेशियन ☐ (*ii*) भूटिया ☐ (*iii*) लेब्रा ☐

(ख) गले में थैला बँधते ही लूसी कहाँ चल देती थी?

(*i*) शहर की ओर ☐ (*ii*) पर्वत की ओर ☐ (*iii*) दुकान की ओर ☐

(ग) नीलू के बैठने का स्थान कौन–सा था?

(*i*) दरवाज़े के पास ☐ (*ii*) बाहरी बरामदा ☐ (*iii*) बैठक ☐

(घ) नीलू का लेखिका के कमरे के बाहर आकर खड़ा होना किसकी सूचना देता था?

(*i*) मित्र की उपस्थिति की ☐ (*ii*) शत्रु की उपस्थिति की ☐

(*iii*) नीलू की परेशानी की ☐

(ङ) लेखिका के बंगले के रोशनदानों में कौन घोंसले बना लेती थीं?

(*i*) कोयल ☐ (*ii*) मैना ☐ (*iii*) गौरेया ☐

(च) पक्षी–शावकों के पहरेदार का कार्य कौन करता था?

(*i*) लूसी ☐ (*ii*) नीलू ☐ (*iii*) चपरासी ☐

भाषाज्ञान

जो शब्दांश शब्द के आगे लगकर नए शब्दों का निर्माण करते हैं, उन्हें उपसर्ग कहते हैं तथा जो शब्दांश शब्द के अंत में लगकर नए शब्दों का निर्माण करते हैं, उन्हें प्रत्यय कहते हैं। जैसे– उपस्थिति = उप(उपसर्ग) + स्थिति, दुकान + दार = दुकान + दार(प्रत्यय)

1. नीचे दिए शब्दों में से उपसर्ग व प्रत्यय अलग करके लिखिए–

सकुशल – .... + ...   कुंडलीदार – .... + ...

अभाव – .... + ...   बुद्धिमानी – .... + ...

प्रत्येक	–	....	+	....	स्तब्धता	–	....	+ ....
निश्चित	–	....	+	....	रोशनदान	–	....	+ ....
व्यस्त	–	....	+	....	कोमलता	–	....	+ ....

2. पाठ को पढ़कर विशेषण शब्द लिखिए–

(लूसी के लिए)		(नीलू के लिए)	
हिरनी के समान	चाल	....	सिर
....	देह	....	पूँछ
....	कान	....	पंजे
....	पूँछ	....	आँखें

3. समानार्थक शब्द लिखिए–

देह –	....	....	आँखें –	....	....
मार्ग –	....	....	दूध –	....	....
रात्रि –	....	....	शहद –	....	....
पक्षी –	....	....	मुँह –	....	....

रेखाचित्र से आगे

- यदि लेखिका प्रयाग से लौटते समय नीलू को साथ नहीं लाती तो क्या होता?
- यदि नीलू का स्वभाव अन्य कुत्तों जैसा होता तो कहानी में क्या परिवर्तन आता?

कुछ करने को

- पशु–पक्षियों से संबंधित मुहावरे व कहावतें उत्तर पुस्तिका में लिखिए; जैसे– उड़ती चिड़िया के पर गिनना, कुत्ते की मौत मरना आदि।
- महादेवी वर्मा के अन्य रेखाचित्र और संस्मरण– नीलकंठ, सोना, गौरा आदि पुस्तकालय से लेकर पढ़िए।

नन्हे हाथों से

- किसी पालतू पशु पर अनुच्छेद लिखिए–

- इस चित्र में क्या-क्या गलतियाँ हैं? संक्षेप में लिखिए–

आप क्या करेंगे

- यदि रास्ते में आपको कोई पशु या पक्षी घायल अवस्था में दिखाई दे तो आप क्या करेंगे?
- यदि आपके घर में कोई पालतू पशु बीमार हो जाए और खाना-पीना छोड़ दे तो आप क्या करेंगे?

6 समय

अभी समय है, अभी नहीं कुछ बिगड़ा है
देखो अभी सुयोग तुम्हारे पास खड़ा है,
करना है जो काम, उसी में चित्त लगा दो
आत्मा पर विश्वास करो, संदेह भगा दो।

पूर्ण तुम्हारा मनोभीष्ट, क्या कभी न होगा
होगा तो बस अभी, नहीं तो कभी न होगा,
देख रहे हो श्रेष्ठ समय के किस सपने को
छलते हो यों स्वयं ही क्यों अपने को।

आवेगा क्या समय जो चला जा रहा
देखो जीवन व्यर्थ, तुम्हारा छला जा रहा,
तो पुरुषों की भाँति, खड़े हो जाओ अब भी
करके कुछ जग के बीच, बड़े हो जाओ अब भी।

उद्योगी को कहाँ नहीं सुसमय मिल पाता
समय नष्ट कर नहीं सौख्य कोई भी पाता,
आलस ही है करा रहा ये सभी बहाने
जो करना है करो अभी, कल क्या हो जाने।

शिक्षण संकेत

- बच्चों को समय का महत्त्व समझाएँ और बताएँ कि समय ही एक ऐसा चक्र है जो एक बार बीत जाता है तो वापस नहीं आता।
- बच्चों को आलस को त्यागकर मेहनत से आगे बढ़ने की सीख दें। मेहनत के लाभों से बच्चों को परिचित कराएँ।

तुच्छ कभी तुम नहीं एक पल को भी जानो
पल-पल से बना हुआ जीवन ही मानो,
इसके सद्व्यय रूप नीर-सिंचन के द्वारा
हो सकता है जन्म-तरु यहाँ तुम्हारा।

ऐसा सुसमय भला और तुम कब पाओगे
खोकर पीछे इसे सर्वथा पछताओगे,
तो इसमें वह काम नहीं क्यों तुम कर जाओ
हो जिसमें परमार्थ और तुम भी सुख पाओ।

–सियारामशरण गुप्त

शब्दार्थ

सुयोग	–	अच्छा अवसर	**चित्त**	–	मन
संदेह	–	शक	**मनोभीष्ट**	–	मन की इच्छा
व्यर्थ	–	बेकार	**उद्योगी**	–	मेहनती
सौख्य	–	सुख	**नीर-सिंचन**	–	पानी से सींचना
सर्वथा	–	हमेशा	**परमार्थ**	–	दूसरों के लिए किया गया कार्य

संकलनात्मक एवं रचनात्मक मूल्यांकन

मौखिक

1. **पढ़िए और बोलिए–**

आत्मा श्रेष्ठ भाँति सद्व्यय सर्वथा

2. **सोचकर बताइए–**

(क) जीवन में सही समय कब आता है?

(ख) श्रेष्ठ समय के सपने देखने वाले क्या करते हैं?

(ग) जग में नाम कमाने के लिए क्या करना ज़रूरी है?

लिखित

1. **नीचे दिए प्रश्नों के उत्तर एक शब्द में दीजिए–**

(क) जो कार्य करना हो उसमें क्या लगा देना चाहिए? ....

(ख) समय को नष्ट करके क्या नहीं पाया जा सकता? ....

(ग) आलसी व्यक्ति किसी कार्य को करने में क्या करता है? ....

(घ) किसे खोकर हमेशा पछताना पड़ता है? ....

2. **नीचे दिए प्रश्नों के लघु उत्तर दीजिए–**

(क) 'समय' कविता के माध्यम से कवि हमें क्या संदेश देना चाहता है?

....

....

(ख) 'अभी समय है, अभी नहीं कुछ बिगड़ा है' पंक्ति से कवि का क्या अभिप्राय है?

....

....

(ग) मानव कब पछताता है?

....

....

3. नीचे दिए प्रश्नों के दीर्घ उत्तर दीजिए–

(क) हमारे जीवन में समय का क्या महत्त्व है?

....

....

....

....

(ख) नीचे दी गई पंक्तियों का भावार्थ स्पष्ट कीजिए–

(*i*) ऐसा सुसमय भला और तुम कब पाओगे, खोकर पीछे इसे सर्वथा पछताओगे।

....

....

....

....

(*ii*) आवेगा क्या समय जो चला जा रहा।

....

....

....

....

(*iii*) तुच्छ कभी तुम नहीं एक पल को भी जानो।

....

....

....

....

4. नीचे दिए पद्यांश को पढ़कर प्रश्नों के उत्तर दीजिए–

तुच्छ कभी तुम नहीं एक पल को भी जानो
पल–पल से बना हुआ जीवन ही मानो,
इसके सद्व्यय रूप नीर–सिंचन के द्वारा
हो सकता है जन्म–तरु यहाँ तुम्हारा।

(क) हमें एक पल को भी क्या नहीं समझना चाहिए?

(*i*) तुच्छ (*ii*) महान (*iii*) महत्त्वपूर्ण

(ख) हमारा जीवन किससे मिलकर बना है?

(*i*) आज-कल से (*ii*) छल-बल से (*iii*) पल-पल से

(ग) जीवन रूपी तरु को किससे सींचना चाहिए?

(*i*) सद्व्यय रूपी जल से (*ii*) पल-पल से (*iii*) क्षीर सागर से

(घ) पद्यांश से कोई एक शब्द-युग्म लिखिए– ....

(ङ) पद्यांश से निपात शब्द ढूँढ़कर लिखिए– ....

5. नीचे दिए प्रश्नों के उपयुक्त उत्तर पर (✓) का चिह्न लगाइए–

(क) कार्य करते समय किस पर विश्वास करना चाहिए?

(*i*) अपने मित्रों पर (*ii*) अपनी माता पर (*iii*) अपनी आत्मा पर

(ख) कार्य करते समय मन में क्या नहीं रखना चाहिए?

(*i*) आशा (*ii*) विश्वास (*iii*) संदेह

(ग) सही समय की प्रतीक्षा में लोग क्या गँवा देते हैं?

(*i*) धन (*ii*) जीवन (*iii*) सपने

(घ) कार्य न करने के बहाने कौन खोजता है?

(*i*) उद्योगी (*ii*) आलसी (*iii*) बूढ़ा

(ङ) परमार्थ करने से क्या मिलता है?

(*i*) दुख (*ii*) परेशानी (*iii*) सुख

भाषा ज्ञान

1. विलोम शब्द लिखिए–

विश्वास	–	संदेह	– ....
पूर्ण	–	श्रेष्ठ	– ....
उद्योगी	–	तुच्छ	– ....
सुसमय	–	परमार्थ	– ....

2. शब्द-परिवार बनाइए–

राज	–	राजा	राज्य	राजनीति	राजधर्म	राजयोग
योग	–	....	....	....	....	....
राष्ट्र	–	....	....	....	....	....
मन	–	....	....	....	....	....
आलस	–	....	....	....	....	....

3. नीचे दिए उपसर्गों से बने शब्द लिखिए–

सु	–	....	....	....
वि	–	....	....	....
उत्	–	....	....	....
उप	–	....	....	....
कु	–	....	....	....

4. वर्ग-पहेली से समानार्थी शब्द ढूँढ़कर लिखिए–

का	म	ना	क	व	म
ल	न	ह	अ	क्त	नु
ल	च	क	ल्प	ना	ष्य
ना	प	र्म	ह	सि	प
द	ल	ठ	क	का	म

कार्य	....	समय	....
चित्त	....	स्त्री	....
इच्छा	....	शोर	....
बेकार	....	नाक	....
उद्योगी	....	आदमी	....
थोड़ा	....	अधिकार	....

कविता से आगे

- प्रत्येक कार्य का एक निश्चित समय होता है। मनुष्य तो क्या, पशु-पक्षी भी समय का पालन करते हैं; जैसे– सुबह सवेरे जागना, शाम ढलने पर अपने घोंसलों में लौट आना आदि। कल्पना कीजिए यदि किसी भी कार्य के लिए समय निर्धारित न हो तो क्या होगा?
- क्या सरदी, गरमी और बरसात का भी समय निश्चित होता है? यदि हाँ तो उसका अनुमान कैसे लगाया जाता है?

नन्हे हाथों से

- काल करै सो आज कर, आज करै सो अब। इस दोहे को पूरा कीजिए और इसकी व्याख्या किजिए।

....

....

....

....

....

....

....

कुछ करने को

- समय से संबंधित मुहावरे एवं कहावतें अपनी प्रोजेक्ट फाइल में लिखिए।
- समय के महत्त्व से संबंधित कोई कहानी, कथा या वाक्यांश कक्षा में सुनाइए।

आप क्या करेंगे

- यदि आप विद्यालय जा रहे हों और रास्ते में अर्ध बेहोशी की अवस्था में कोई व्यक्ति आपसे सहायता माँगे और आपको विद्यालय पहुँचने में देर हो रही हो तो आप क्या करेंगे?

7 सिंगापुर

सिंगापुर को परियों का देश यूँ ही नहीं कहा जाता। यहाँ की भव्यता और चकाचौंध हर किसी को आकर्षित करने की क्षमता रखती है। हमने भी इस सुंदर द्वीप को देखने का मन बनाया। हम वायुयान द्वारा दिल्ली से सिंगापुर की ओर रवाना हुए। सिंगापुर के चैंगी अंतर्राष्ट्रीय हवाई अड्डे पर उतरते ही हमारा मन प्रफुल्लित हो उठा। एयरपोर्ट से होटल जाने के लिए हम एक शानदार कार में सवार हुए। वहाँ की गगनचुंबी इमारतें, साफ़-सुथरी और घुमावदार सड़कों पर अनुशासित यातायात, बेलों और फूलों से लदे पुल और उन पर दौड़ती आधुनिकतम एवं तीव्र गति की कारों को देखकर ऐसा लगा मानो समय पंख लगाकर उड़ रहा हो।

शिक्षण संकेत

- बच्चों को देशाटन के लाभ बताएँ। उन्हें बताएँ कि जगह-जगह घूमकर नई-नई जानकारियाँ मिलती हैं। संसार में अनेक ऐसे आश्चर्यजनक स्थल हैं, जिन्हें देखे बिना उन पर विश्वास कर पाना असंभव है।
- बच्चों को सिंगापुर से संबंधित जानकारियाँ दें। विश्व के मानचित्र पर सिंगापुर कहाँ स्थित है, यह जानकारी देते हुए बच्चों को अन्य देशों को मानचित्र पर ढूँढ़ने के लिए प्रेरित करें।

मेरे पत्रकार मित्र अखिलेश ने बताया कि सिंगापुर वैसे तो एक छोटा-सा द्वीप है, परंतु यह छोटा देश अपनी समृद्धि के लिए जाना जाता है। पर्यटन ही इसकी समृद्धि का प्रमुख कारण है। यह दक्षिण-पूर्व एशिया में भूमध्य रेखा से 140 किलोमीटर उत्तर की ओर, मलय प्रायद्वीप से दक्षिण में बसा है। घनी आबादी वाले इस देश के आस-पास लगभग पचास छोटे-छोटे द्वीप हैं। जिनमें से कुछ ही द्वीपों को पर्यटकों के मनोरंजन के लिए बसाया और सजाया गया है। यहाँ विभिन्न धर्मों के लोग एकजुट होकर रहते हैं। यहाँ विभिन्न देशों की संस्कृति, इतिहास तथा भाषा का मिला-जुला रूप देखने को मिलता है। आकार में मुंबई से भी छोटे इस देश की आबादी लगभग 35 लाख है। जिसमें चीनी, मलय और आठ प्रतिशत भारतीय हैं। यहाँ मुख्यत: चीनी और अंग्रेज़ी भाषाएँ बोली जाती हैं।

कार चालक हमें देखकर काफ़ी उत्साहित था। उससे बातचीत करके पता चला कि वह इतिहास का छात्र रह चुका है। उसने कई देशों के इतिहास पर थीसिस तैयार की है, जिसमें भारत और सिंगापुर मुख्य हैं। वह हमें होटल छोड़कर अगले दिन सिंगापुर की सैर करवाने हेतु नियत समय पर आ पहुँचा। उसने हमें बताया कि सिंगापुर की स्थापना 1819 में सर स्टेमफोर्ड रेफल्स ने की थी। उन्हें 'ईस्ट इंडिया कंपनी' के अधिकारी के रूप में दिल्ली के तत्कालीन वायसराय द्वारा कंपनी का व्यापार बढ़ाने हेतु सिंगापुर भेजा गया था। पहले यह मलेशिया से जुड़ा हुआ था। 1965 में एक स्वतंत्र राष्ट्र के रूप में इसका उदय हुआ।

इस देश के विषय में एक किंवदंती है कि चौदहवीं शताब्दी में सुमात्रा द्वीप का एक राजकुमार शिकार हेतु सिंगापुर द्वीप पर आया था। इस द्वीप पर सिंहों को देखकर उसने इसका नाम सिंगापुरा अर्थात सिंहों का द्वीप रख दिया जो अब बदलकर सिंगापुर बन चुका है। आज भी सिंगापुर के डॉलर और संट के सिक्कों पर आधुनिक नाम सिंगापुर और पुराना नाम सिंगापुरा अंकित है।

सबसे पहले हमने सिंगापुर के वाटर फ्रंट पर बने 'मेरलॉयन स्टेच्यू' को देखा। यह स्टेच्यू सिंगापुर का प्रसिद्ध चिह्न है। इस स्टेच्यू का सिर शेर जैसा तथा नीचे का हिस्सा मछली जैसा है। यह चिह्न सिंगापुर में हर जगह देखने को मिलता है। इसके बाद हम 'कल्चर म्यूज़ियम' गए, जिसमें विभिन्न धर्मों के त्योहारों को प्रदर्शित किया गया है। इसके बाद हम एशिया के सबसे बड़े पक्षी पार्क 'जुरोंग बर्ड' पहुँचे। इस पार्क में 600 प्रजातियाँ और 8000 से अधिक पक्षियों का निवास है। पार्क

में एक स्थान पर दक्षिणी ध्रुव के समान कृत्रिम बर्फ़ीला वातावरण तैयार किया गया है, जिसमें पेंग्विन पक्षी रखे गए हैं। 30 मीटर ऊँचा मानव निर्मित जल- प्रपात इसकी सुंदरता में चार चाँद लगा देता है। पार्क में एक अनूठा शो 'ऑल स्टार बर्ड' दिखाया है, जिसमें पक्षियों को टेलीफोन के माध्यम से बातें करते हुए दिखाते हैं। जूलॉजिकल गार्डन में 'एनिमल फीडिंग शो' और 'सी लॉयन डांस शो' इस पार्क की खूबियाँ हैं जो दर्शकों को बरबस ही अपनी ओर खींचती हैं।

'जुरोंग बर्ड' पार्क के बाद हम सैंटोसा द्वीप पहुँचे। वहाँ एक टावर को मेरलॉयन की आकृति में बनाया गया है। लिफ़्ट से सबसे ऊपर जाकर सैंटोसा द्वीप का पूरा नज़ारा देखा जा सकता है। यहाँ से सिंगापुर का दक्षिणी तट भी दिखाई देता है। यहाँ की अनोखी विशेषता 'डॉलफिन शो' है जिसे देखकर लोग हतप्रभ रह जाते हैं। पानी के नीचे मछलीघर है जिसमें विभिन्न रंग-रूप और आकार वाली मछलियों की अठखेलियाँ वहाँ से हटने का नाम ही नहीं लेने देतीं। सिंगापुर में मोम से बनी मूर्तियों का एक अजायबघर है जिसमें रखी मोम की मूर्तियाँ एकदम सजीव लगती हैं। इन मूर्तियों में सिंगापुर का इतिहास संजोया गया है।

रात में कृत्रिम चाँदनी के प्रकाश में हमने नाइट सफारी का आनंद लिया। खुली बस में बैठकर जंगल की सैर करने का अपना ही मज़ा है। लाइव एनिमल शो देखकर मन में रोमांच और भयमिश्रित भावनाएँ हिलोरें ले रही थीं। वहाँ घूमते बाघ, शेर, हिरन, हाथी आदि को हमने बहुत करीब से देखा। शेर की दहाड़ से ऐसा लगा मानो पूरा द्वीप ही गूँज उठा हो। एक बार तो सबकी साँसें अटक गई थीं। लेकिन शेर भी जैसे दर्शकों के अभ्यस्त हो चुके थे। इसलिए किसी अनहोनी की संभावना लगभग नहीं के बराबर थी।

अगले दिन हम सिंगापुर के बाज़ार में घूमे। चाइना टाउन में चीन के उत्पाद थे तो 'लिटिल इंडिया' में भारत में बनी वस्तुएँ थीं। 'लिटिल इंडिया' का पूरा ढाँचा ही भारतमय था- भारतीय परिधान में सजी नारियाँ, भारतीय पहनावे में दुकानों में समान बेचने वाले एवं बोलचाल में भी हिंदी भाषा का प्रयोग करते हुए लोग, भारतीय व्यंजनों की खुशबू समेटे एक भोजनालय जिसमें भारतीय पकवानों की विभिन्न किस्में तैयार थीं। यहाँ पहुँचकर लगा जैसे हम भारत में ही आ गए हों।

यद्यपि सिंगापुर में हम कुछ दिन और घूमना चाहते थे परंतु कार्य की व्यस्तता और समयाभाव हमें इस बात की अनुमति नहीं दे रही थी। हम सिंगापुर से वापस दिल्ली की ओर लौटे दिल्ली से दोबारा सिंगापुर जाने का विचार लिए हम सोच रहे थे कि काश भारत का दिल कही जाने वाली दिल्ली भी सिंगापुर की तरह अति आधुनिकता में रच-बस जाए। यहाँ की सड़कें मुलायम और बिना गड्ढों वाली हों तथा झुग्गी-झोपड़ियों की जगह बड़ी-बड़ी इमारतें हों और यहाँ के नागरिकों को सुविधाएँ सरकार द्वारा उपलब्ध कराई जाएँ। यह सोचकर मैं सिंगापुर की स्मृतियों को एक बार फिर अपने मस्तिष्क-पटल पर दोहराने लगा और मन-ही-मन कह उठा– देश हो तो सिंगापुर जैसा।

शब्दार्थ

प्रफुल्लित – अति प्रसन्न, खिला हुआ
उत्साहित – उत्साह युक्त
द्वीप – समुद्र से घिरा छोटा भू-भाग
अजायबघर – संग्रहालय
अनुशासित – जिसका अनुशासन किया गया हो।
किंवदंती – लोकापवाद, अफवाह
कृत्रिम – बनावटी
परिधान – पोशाक

इन्हें ऐसे भी लिख सकते हैं–

द्वीप – द्वीप **प्रसिद्ध** – प्रसिद्ध **यद्यपि** – यद्यपि

संकलनात्मक एवं रचनात्मक मूल्यांकन

मौखिक

1. **पढ़िए और बोलिए–**

अंतर्राष्ट्रीय प्रफुल्लित किंवदंती सैंटोसा जूलॉजिकल गार्डन

2. **सोचकर बताइए–**

(क) सिंगापुर कहाँ स्थित है? इसे घनी आबादी वाला देश क्यों कहते हैं?
(ख) सिंगापुर का नामकरण कैसे हुआ?
(ग) सिंगापुर के इतिहास को कैसे संजोकर रखा गया है?

लिखित

1. नीचे दिए प्रश्नों के लघु उत्तर दीजिए–

(क) सिंगापुर की समृद्धि का प्रमुख कारण क्या है?

....

....

(ख) सिंगापुर की स्थापना कब और कैसे हुई?

....

....

(ग) 'मेरलॉयन' क्या है?

....

....

2. नीचे दिए प्रश्नों के दीर्घ उत्तरीय उत्तर दीजिए–

(क) सिंगापुर के 'जुरोंग बर्ड' की विशेषताओं का वर्णन कीजिए।

....

....

....

....

(ख) सैंटोसा द्वीप पर लेखक ने क्या-क्या देखा?

....

....

....

....

(ग) सिंगापुर से लौटते समय लेखक की मनःस्थिति का वर्णन कीजिए।

....

....

....

....

3. नीचे दिए प्रश्नों के सही उत्तर पर (✓) लगाइए–

(क) सिंगापुर के अंतर्राष्ट्रीय हवाई अड्डे का क्या नाम है?

(*i*) मैंगी ☐ (*ii*) चैंगी ☐ (*iii*) दैंगी ☐

(ख) सिंगापुर की समृद्धि का प्रमुख कारण क्या है?

(*i*) वस्त्र निर्यात ☐ (*ii*) आभूषण निर्यात ☐ (*iii*) पर्यटन ☐

(ग) सिंगापुर को एक स्वतंत्र राष्ट्र के रूप में कब पहचान मिली?

(*i*) 1965 में ☐ (*ii*) 1970 में ☐ (*iii*) 1940 में ☐

(घ) 'जुरोंग बर्ड' क्या है–

(*i*) सिंगापुर का प्रसिद्ध चिह्न ☐ (*ii*) अजायबघर ☐

(*iii*) एशिया का सबसे बड़ा पक्षी पार्क ☐

(ङ) सिंगापुर के 'कल्चर म्यूज़ियम' में क्या प्रदर्शित किया जाता है?

(*i*) विभिन्न धर्मों के त्योहारों को ☐ (*ii*) विभिन्न देशों की संस्कृति को ☐

(*iii*) विभिन्न भाषाओं व बोलियों को ☐

भाषा ज्ञान

शब्दों के सार्थक समूह को वाक्य कहते हैं। वाक्य के दो अंग होते हैं– उद्देश्य और विधेय। जिसके बारे में बात की जाए उसे उद्देश्य कहते हैं और जो बात की जाए उसे विधेय कहते हैं। जैसे– सिंगापुर को परियों का देश कहा जाता है।

उद्देश्य: सिंगापुर को — विधेय: परियों का देश कहा जाता है।

1. नीचे दिए वाक्यों में उद्देश्य पर ◯ लगाइए और विधेय को रेखांकित कीजिए–

(क) सिंगापुर के आस-पास लगभग पचास छोटे-छोटे द्वीप हैं।

(ख) मोम की मूर्तियाँ एकदम सजीव लगती हैं।

(ग) लिटिल इंडिया में भारत की बनी चीज़ें थीं।

(घ) खुली बस में बैठकर जंगल की सैर करने का अपना मज़ा है।

(ङ) सिंगापुर एक छोटा-सा द्वीप है।

2. विलोम शब्द लिखिए–

उत्साहित –	स्वतंत्र –	कृत्रिम – ....
सजीव –	मुलायम–	प्रसिद्ध – ....
मुमकिन –	तीव्र –	उपलब्ध– ....

3. प्रत्यय लगाकर शब्द बनाइए–

भव्य + ता = ...	राष्ट्र + इय = ...
प्रफुल्ल + इत = ...	धर्म + इक = ...
अनुशासन + इत = ...	भारत + इय = ...
उत्साह + इत = ...	आधुनिक + ता = ...
इतिहास + इक = ...	नगर + इक = ...

4. नीचे दिए वाक्यों में कारकीय पदों पर गोला लगाइए–

(क) हम दिल्ली से सिंगापुर की ओर रवाना हुए।

(ख) यहाँ विभिन्न धर्मों के लोग एकजुट होकर रहते हैं।

(ग) मेरलॉयन सिंगापुर का प्रसिद्ध चिह्न है।

(घ) कुछ द्वीपों को पर्यटकों के मनोरंजन के लिए सजाया गया है।

(ङ) होटल जाने के लिए हम एक शानदार कार में सवार हुए।

यात्रा वृत्तांत से आगे

- यदि सिंगापुर एक द्वीप न होकर नेपाल की तरह एक छोटा-सा देश होता तो क्या होता।
- क्या भारत में भी पर्यटन को बढ़ावा दिया जाना चाहिए? यदि हाँ तो क्यों?

कुछ करने को

- भारत में वन्य पशु अभ्यारण्य कहाँ-कहाँ हैं? उनकी सूची बनाइए और उनके बारे में जानकारी प्राप्त करके कुछ पंक्तियाँ लिखिए।
- भारत के कुछ पर्यटक स्थलों के चित्र एकत्रित कर कोलॉज़ बनाइए या कंप्यूटर पर प्रज़ेंटेशन तैयार कीजिए।

नन्हे हाथों से

- चित्र को देखकर अनुच्छेद लिखिए–

....

....

....

....

....

....

....

....

आप क्या करेंगे

- यदि कोई विदेशी पर्यटक आपसे किसी जगह के बारे में जानना चाहे और आपको उसकी जानकारी न हो तो आप क्या करेंगे?
- यदि कोई अपरिचित व्यक्ति आपको नई–नई जगहों के बारे में बताए और आपसे बिना कोई मूल्य लिए घुमाने का लालच दे तो आप क्या करेंगे।

8 सायना नेहवाल

सायना नेहवाल के नाम से आज कौन परिचित नहीं है? खेल जगत में भारत का परचम फहराने वाली इस बालिका ने वह कर दिखाया जो बैडमिंटन में पहले कोई भारतीय युवती नहीं कर सकी। सायना ने मात्र 20 वर्ष की उम्र में विश्व की तीन शीर्ष महिला खिलाड़ियों में अपना नाम दर्ज करवाकर भारत का नाम रोशन कर दिया।

सायना का जन्म 17 मार्च, 1990 को हिसार (हरियाणा) में हुआ था। इनके पिता का नाम डॉ० हरबीर है। सायना के जन्म के कुछ वर्ष बाद ही डॉ० हरबीर परिवार सहित हैदराबाद जाकर रहने लगे। सायना की रुचि बैडमिंटन में बचपन से ही थी। तभी से अपने खेल में शिखर पर पहुँचने का सपना सायना के मन में पलने लगा था। सामान्य बच्चे जहाँ बाल्यकाल में मौज-मस्ती करते हैं, वहीं सायना घंटों अभ्यास करके बैडमिंटन में महारत हासिल करने में लगी रहती थी। अपने लक्ष्य को पाना है, उसके मन में बस यही धुन सवार थी।

सायना की प्रतिभा को पहचानकर इनके पिता ने इन्हें हैदराबाद के लाल बहादुर स्टेडियम में साई (भारतीय खेल प्राधिकरण) के प्रशिक्षक नानी प्रसाद से प्रशिक्षण दिलवाया। अपनी बेटी के सपने को साकार करने के लिए उनके माता-पिता ने कोई कसर नहीं छोड़ी। बेटी को प्रशिक्षण दिलवाने के लिए लाने और ले जाने की ज़िम्मेदारी इनके पिता ने उठाई। उस समय सायना लगभग आठ वर्ष की थी। खेल सीखने के लिए स्टेडियम आना-जाना फिर विद्यालय तथा होमवर्क, यह सब उस बच्ची को इतना थका देता था कि वह स्कूटर पर बैठे-बैठे सो जाती थी। अप्रत्याशित दुर्घटना को टालने के लिए सायना की माँ भी उनके साथ जाने लगी।

सायना और उसके माता-पिता की लगन और मेहनत ने कुछ ही वर्षों में रंग लाना शुरू कर दिया। सायना ने सब-जूनियर और जूनियर खेलों में अपनी योग्यता साबित कर दी। सायना को तो जैसे पदक

शिक्षण संकेत

- बच्चों को कर्मठता का महत्त्व समझाएँ और खेल की भावना को बढ़ावा दें।

जीतने का जुनून सवार हो गया था। जूनियर चैक गणराज्य ओपन जीतना सायना के लिए महत्त्वपूर्ण उपलब्धि रही। इसके बाद मैनचेस्टर में हुए राष्ट्रमंडल खेलों (2002) में सायना ने रजत पदक जीता। फिर एशियाई स्टेलाइट चैंपियनशिप में देश की नंबर एक खिलाड़ी अपर्णा को हराकर एकल खिताब जीतकर सनसनी फैला दी। इस उभरती हुई खिलाड़ी की प्रतिभा को और अधिक निखारने का कार्य मित्तल ट्रस्ट ने किया। मित्तल ट्रस्ट का कार्य युवा प्रतिभाशाली खिलाड़ियों को सही राह दिखाना है, उन्हें प्रोत्साहन एवं सहयोग देना है। इस संस्था ने सायना को कोच गोपीचंद के साथ चीन में तीन मास के प्रशिक्षण के लिए भेजा। कोच पुलेला गोपीचंद से प्रशिक्षण पाकर इस 15 वर्षीया किशोरी के कैरियर का ग्राफ तेज़ी से शिखर की ओर बढ़ने लगा। प्रशिक्षण पाकर स्वदेश लौटी सायना ने राष्ट्रीय चैंपियनशिप में ज़ोरदार प्रदर्शन कर एकल फाइनल में स्थान बनाया। इसके बाद मेलबर्न में 2006 में हुए राष्ट्रमंडल खेलों में युगल वर्ग का कांस्य पदक जीता। इसके दो माह पश्चात दक्षिण कोरिया में जूनियर विश्व बैडमिंटन चैंपियनशिप की उपविजेता बनी और इसके दो वर्ष बाद विश्व बैडमिंटन चैंपियनशिप खिताब जीतकर अपनी दावेदारी साबित की। मनाली में फिलिपीन ओपन का खिताब जीतकर सायना ने इतिहास रच दिया। सायना इस खिताब को जीतने वाली सबसे कम उम्र की खिलाड़ी बनी। इसके बाद तो सुर्खियों में रहना जैसे सायना की नियति बन गई थी।

एक के बाद एक पदक जीतकर इस किशोरी ने सिद्‌ध कर दिया कि उच्च स्तर पर इसकी सफलताएँ मात्र एक संयोग नहीं हैं। इंडियन इंटरनेशनल ओपन टूर्नामेंट-2009 और 2010 की इंडोनेशिया सुपर सीरीज़, 2010 की सिंगापुर सुपर सीरीज, 2011 और 2012 का स्वीस ओपन गोल्ड, 2010 के राष्ट्रमंडल खेलों में स्वर्ण पदक तथा लंदन ओलंपिक में एकल स्पर्धा का कांस्य पदक जीतकर सायना ओलंपिक में सेमी फाइनल तक पहुँचने वाली और पदक जीतने वाली पहली भारतीय बैडमिंटन खिलाड़ी बनी।

इनकी अद्‌वितीय प्रतिभा को देखते हुए सरकार द्‌वारा इन्हें समय-समय पर विभिन्न पुरस्कारों से सम्मानित किया गया। 2009 में अर्जुन पुरस्कार तथा इनके कोच गोपीचंद को द्रोणाचार्य सम्मान से सम्मानित किया गया। जनवरी, 2010 में इन्हें पद्‌मश्री अवॉर्ड दिया गया तथा अगस्त, 2010 में खेलों का शीर्ष अवॉर्ड राजीव गांधी खेल रत्न पुरस्कार दिया गया।

शब्दार्थ

परचम	– झंडा	शीर्ष	– सबसे ऊँचा स्थान
लक्ष्य	– उद्देश्य	प्रशिक्षक	– सिखाने वाला
प्रतिभाशाली	– जिसमें प्रतिभा हो	सनसनी	– खलबली
संयोग	– इत्तफ़ाक, मेल	सुर्खियाँ	– मुख्य पंक्तियाँ, शीर्षक
अप्रत्याशित	– जिसकी आशा न की गई हो		

संकलनात्मक एवं रचनात्मक मूल्यांकन

मौखिक

1. पढ़िए और बोलिए–

परिचित बैडमिंटन प्रशिक्षक राष्ट्रमंडल चैंपियनशिप

2. सोचकर बताइए–

(क) सायना अन्य बच्चों से किस प्रकार भिन्न थी?

(ख) प्रशिक्षण के दौरान सायना की माँ उसके साथ क्यों जाने लगी थी?

(ग) सरकार द्वारा सायना को कौन-कौन से पुरस्कार दिए गए?

लिखित

1. नीचे दिए प्रश्नों के उत्तर एक शब्द में दीजिए–

(क) सायना की प्रतिभा को सर्वप्रथम किसने पहचाना? ....

(ख) सायना के प्रथम प्रशिक्षक का क्या नाम है? ....

(ग) मैनचेस्टर में हुए राष्ट्रमंडल खेलों (2002) में सायना ने कौन-सा पदक जीता? ....

(घ) एशियाई स्टेलाइट चैंपियनशिप में सायना ने किस खिलाड़ी को हराकर एकल खिताब जीता? ....

2. नीचे दिए प्रश्नों के लघु उत्तर दीजिए–

(क) सायना का जन्म कब और कहाँ हुआ था?

....

....

(ख) मित्तल ट्रस्ट की स्थापना क्यों की गई?

....

....

(ग) 'उच्च स्तर पर इसकी सफलताएँ मात्र एक संयोग नहीं है।' इस पंक्ति से क्या अभिप्राय है?

....

....

(घ) सायना की सफलता में उसके माता-पिता की क्या भूमिका रही?

....

....

3. नीचे दिए प्रश्नों के दीर्घ उत्तर दीजिए–

(क) सायना की उपलब्धियों का वर्णन कीजिए।

....

....

....

....

(ख) पद्मश्री और राजीव गांधी खेल रत्न पुरस्कार का क्या महत्त्व है? सायना को इन पुरस्कारों से कब और क्यों सम्मानित किया गया?

....

....

....

....

4. **नीचे दिए प्रश्नों के उपयुक्त उत्तर पर (✓) का चिह्न लगाइए–**

(क) सायना ने किस खेल में महारत हासिल की है?

(i) टेनिस ☐ (ii) मुक्केबाज़ी ☐ (iii) बैडमिंटन ☐

(ख) सायना का लक्ष्य क्या था?

(i) धन कमाना ☐ (ii) प्रसिद्धि प्राप्त करना ☐

(iii) बैडमिंटन की शीर्ष खिलाड़ी बनना

(ग) मित्तल ट्रस्ट ने सायना को किस कोच से प्रशिक्षण दिलवाया?

(i) नानी प्रसाद ☐ (ii) पुलेला गोपीचंद ☐ (iii) मूलचंद ☐

(घ) 2010 के राष्ट्रमंडल खेलों में सायना ने कौन-सा पदक जीता?

(i) स्वर्ण ☐ (ii) रजत ☐ (iii) कांस्य ☐

(ङ) लंदन ओलंपिक की एकल स्पर्धा में सायना ने कौन-सा पदक जीता?

(i) स्वर्ण ☐ (ii) रजत ☐ (iii) कांस्य ☐

भाषा ज्ञान

वाक्य तीन प्रकार के होते हैं–

(क) सरल वाक्य (ख) मिश्र वाक्य (ग) संयुक्त वाक्य

(क) सरल वाक्य– जिस वाक्य में एक उद्देश्य तथा एक ही विधेय हो, उसे सरल वाक्य कहते हैं; जैसे– सफ़ेद हंस (उद्देश्य) सरोवर में तैर रहे हैं (विधेय)।

(ख) मिश्र वाक्य– जिस वाक्य में एक प्रधान उपवाक्य के साथ एक या अधिक आश्रित उपवाक्य जुड़े होते हैं, उसे मिश्र वाक्य कहते हैं; जैसे– मैंने सोचा था (प्रधान उपवाक्य) कि बड़ा होकर डॉक्टर बनूँगा (आश्रित उपवाक्य)।

(ग) संयुक्त वाक्य– जब दो या दो से अधिक सरल वाक्य योजक द्वारा जुड़े हो तो ऐसे वाक्य संयुक्त वाक्य कहलाते हैं। जैसे– वर्षा हुई (सरल वाक्य) और (योजक) मोर नाचने लगे (सरल वाक्य)।

1. **नीचे दिए वाक्यों के प्रकार लिखिए–**

(क) सायना के पिता का नाम डॉ॰ हरबीर है। सरल वाक्य

(ख) अपने लक्ष्य को पाना है, उसके मन में बस यही धुन सवार थी। ....

(ग) उस समय सायना लगभग आठ वर्ष की थी। ....

(घ) एक के बाद एक पदक जीतकर इस किशोरी ने साबित कर दिया कि उच्च स्तर पर इसकी सफलताएँ मात्र एक संयोग नहीं हैं। ....

(ङ) 2010 में सायना को पद्मश्री अवॉर्ड तथा राजीव गांधी खेल रत्न पुरस्कार से सम्मानित किया गया। ....

2. अनेक शब्दों के लिए एक शब्द लिखिए–

जो खेलता हो	–	खिलाड़ी
जो प्रशिक्षण देता हो	–	....
जो प्रशिक्षण लेता हो	–	....
शहर में रहने वाले लोग	–	....
गाँव में रहने वाले लोग	–	....
जिसके समान दूसरा न हो	–	....

जीवनी से आगे

- क्या सहयोग और प्रशिक्षण के बिना कोई खिलाड़ी शीर्ष पर पहुँच सकता है?
- क्या मेहनत और लगन के बिना लक्ष्य को प्राप्त किया जा सकता है?

नन्हे हाथों से

- **किसी एक खिलाड़ी पर निबंध लिखिए–**

कुछ करने को

- उन भारतीय खिलाड़ियों की सूची तैयार कीजिए जिन्होंने खेलों में देश का नाम रोशन किया है। उनके चित्र प्रोजेक्ट फाइल में लगाकर उनके बारे में संक्षेप में लिखिए।
- कुछ प्रसिद्ध खेल तथा उनसे संबंधित प्रतियोगिताओं के बारे में जानकारी एकत्र कीजिए।
- खेलों में हार-जीत तो होती रहती है। जब कोई टीम जीतकर आती है तो लोग उनका स्वागत करते हैं लेकिन जब हारकर आती है तो उनके साथ अभद्र व्यवहार करते हैं। क्या यह उचित है? इसके पक्ष/विपक्ष में तर्क दीजिए।

आप क्या करेंगे

- यदि कोई प्रसिद्ध खिलाड़ी आपके विद्यालय में आकर अपने अनुभव आपके साथ बाँटना चाहे तो आप क्या करेंगे?
- यदि किसी विद्यालय में खेल-प्रतियोगिता का आयोजन किया गया हो और वहाँ के संचालक चालाकी से अपने विद्यालय की टीम को विजयी घोषित कर दें तो आप क्या करेंगे?

क्या आप जानते हैं?

(क) हिंदी को भारत की राजभाषा के रूप में कब स्वीकार किया गया?

(*i*) 26 जनवरी, 1948 ☐ (*ii*) 14 दिसंबर, 1949 ☐

(*iii*) 10 दिसंबर, 1950 ☐ (*iv*) 15 अगस्त, 1947 ☐

(ख) इनमें से विरोध का सूचक कौन-सा है?

(*i*) पीला झंडा ☐ (*ii*) लाल झंडा ☐

(*iii*) काला झंडा ☐ (*iv*) हरा झंडा ☐

(ग) झुके हुए झंडे किसके सूचक हैं?

(*i*) खुशी के ☐ (*ii*) पराजय के ☐

(*iii*) उन्नति के ☐ (*iv*) दुख के ☐

(घ) एशियन विकास बैंक (ADB) का मुख्यालय कहाँ स्थित है?

(*i*) जिनीवा ☐ (*ii*) काठमांडू ☐

(*iii*) मनीला ☐ (*iv*) जकार्ता ☐

(ड.) सार्क (SAARC) का मुख्यालय कहाँ स्थित है?

(*i*) पेरिस ☐ (*ii*) जिनीवा ☐

(*iii*) कनाडा ☐ (*iv*) काठमांडू ☐

(च) इंटरपोल (INTERPOLE) का मुख्यालय कहाँ स्थित है?

(*i*) फ्रांस ☐ (*ii*) इंग्लैंड ☐

(*iii*) पेरिस ☐ (*iv*) सिंगापुर ☐

(छ) 'डाइट' किस देश की संसद का नाम है?

(*i*) फ्रांस की ☐ (*ii*) जापान की ☐

(*iii*) चीन की ☐ (*iv*) नेपाल की ☐

(ज) भारत की संसद में कौन-से दो सदन हैं?

(*i*) राष्ट्रीय सभा, राष्ट्रीय कांग्रेस ☐ (*ii*) लोकसभा, राज्यसभा ☐

(*iii*) विधानसभा, लोकसभा ☐ (*iv*) निम्न सदन, उच्च सदन ☐

(झ) अफगानिस्तान की संसद का क्या नाम है?

(*i*) डूमा
(*ii*) लोकसभा
(*iii*) मजलिस
(*iv*) शोरा

(ञ) 'विश्व जल दिवस' कब मनाया जाता है?

(*i*) 22 मार्च
(*ii*) 25 मार्च
(*iii*) 2 अक्टूबर
(*iv*) 10 दिसंबर

(ट) विश्व स्वास्थ्य दिवस कब मनाया जाता है?

(*i*) 10 जनवरी
(*ii*) 7 अप्रैल
(*iii*) 15 मार्च
(*iv*) 27 दिसंबर

(ठ) 'मदर डे' कब मनाया जाता है?

(*i*) 8 सितंबर
(*ii*) 20 जून
(*iii*) मई के दूसरे रविवार को
(*iv*) 8 मई

(ड) कागज़ के कैनवास किसकी प्रसिद्ध कृति है?

(*i*) अरविंदो घोष
(*ii*) अमृता प्रीतम
(*iii*) रवींद्रनाथ टैगोर
(*iv*) सूरदास

(ढ) 'वार एंड पीस' किसकी प्रसिद्ध कृति है?

(*i*) नागपाल
(*ii*) विलियम शेक्सपीयर
(*iii*) लियो टॉलस्टाय
(*iv*) यशपाल

(ण) 'देवदास' किसकी प्रसिद्ध कृति है?

(*i*) महादेवी वर्मा
(*ii*) भगवतीशरण वर्मा
(*iii*) देवकीनंदन
(*iv*) शरतचंद्र चट्टोपाध्याय

(त) 'झूठा सच' किसकी प्रसिद्ध कृति है?

(*i*) यशपाल
(*ii*) रामधारी सिंह दिनकर
(*iii*) महादेवी वर्मा
(*iv*) भगवतीशरण वर्मा

9 मंत्र

पहला दृश्य

(डॉक्टर चड्ढा गोल्फ खेलने जाने वाले हैं। मोटरकार द्वार के सामने खड़ी है। दो कहार डोली लिए आते हैं। डोली के पीछे से एक बूढ़ा लाठी टेकता हुआ आता है।)

डॉ॰ चड्ढा – (*गरजकर*) कौन हो? क्या चाहते हो?

बूढ़ा भगत – (*हाथ जोड़कर*) हुजूर, बड़ा गरीब आदमी हूँ। मेरा लड़का कई दिन से...।

डॉ॰ चड्ढा – कल सवेरे आना। हम इस वक्त मरीज़ों को नहीं देखते।

बूढ़ा भगत – (*गिड़गिड़ाते हुए*) दुहाई है सरकार की, लड़का मर जाएगा। हुजूर, इसने चार दिन से आँखें नहीं...।

डॉ॰ चड्ढा – कह दिया न, कल आना।

बूढ़ा भगत – हुज़ूर, बस एक नज़र देख लें। लड़का हाथ से चला जाएगा। बस, यही एक बचा है।

डॉ॰ चड्ढा – (*बड़बड़ाते हुए*) न जाने कहाँ से आ जाते हैं, ऐसे उजड्ड देहाती। कोई कुछ भी कहे, अपनी ही रट लगाए रहेंगे। किसी की नहीं सुनेंगे। (*कार में बैठकर चल पड़ते हैं।*)

बूढ़ा भगत – हुज़ूर, दया कीजिए, बड़ा दीन-दुखी हूँ। संसार में कोई नहीं है। बस, यही एक सहारा है।

डॉ॰ चड्ढा– कह दिया न कल आना। (*मोटरकार चली जाती है। बूढ़ा मूर्ति-सा निश्चल खड़ा रह जाता है।*)

शिक्षण संकेत

- बच्चों को बताएँ कि प्रस्तुत पाठ मुंशी प्रेमचंद की श्रेष्ठ कहानियों में से एक है। यह कहानी का नाट्य रूपांतरण है। बच्चों को सिखाएँ कि क्या पता जीवन में कब, कौन, कहाँ, किसके काम आ जाए। अत: कभी किसी को हेय दृष्टि से नहीं देखना चाहिए।
- बच्चों को समझाएँ कि जीवन से मूल्यवान कोई भी वस्तु नहीं है। यदि एक बार मृत्यु किसी का वरण कर ले तो फिर कुछ नहीं किया जा सकता। यदि हमारे सहयोग से किसी का जीवन बच सकता है तो ईर्ष्या-द्वेष भूलकर उसकी सहायता करनी चाहिए।

बूढ़ा – (*मन में सोचते हुए*) संसार में ऐसे भी मनुष्य होते हैं, जो अपने मज़े के आगे किसी की जान की भी परवाह नहीं करते। कोई मनुष्य इतना कठोर भी हो सकता है, इसका विश्वास नहीं आता। वह पुराने ज़माने के उन जीवों में से था, जो लगी आग को बुझाने, मुर्दे को कंधा देने, किसी के छप्पर को उठाने और किसी की कलह को शांत करने के लिए सदा तैयार रहते हैं। यह कैसा डॉक्टर है? बड़ी तारीफ़ सुनी थी। चारों ओर से निराश होकर आया था। अब किसी दूसरे डॉ॰ के पास न जाऊँगा, जो किस्मत में होगा देखा जाएगा। यह सोचकर बूढ़े ने लड़के को किस्मत के भरोसे छोड़ दिया। (*जब तक बूढ़े को कार दिखाई देती रही, वह खड़ा रहा। फिर जिधर से डोली आई थी, उधर ही चली गई। उसी रात वह बीमार बालक इस संसार से चल बसा।*)

दूसरा दृश्य

(*डॉ॰ चड्ढा के बेटे कैलाश का जन्मदिन है। बेटा बीस साल का हो गया है। घर मेहमानों से भरा है। कैलाश के कॉलेज के मित्र भी आए हुए हैं। कैलाश को साँप पालने का शौक है। मृणालिनी और कैलाश सहपाठी हैं।*)

मृणालिनी – क्यों कैलाश, तुम्हारे साँप कहाँ हैं? ज़रा मुझे भी दिखाओ।

कैलाश – इस वक्त क्षमा करो, कल दिखा दूँगा।

मृणालिनी – जी नहीं, तुम्हें दिखलाने पड़ेंगे, मैं आज नहीं मानने वाली। तुम रोज़ कल-कल करते हो।

एक महाशय– दिखा क्यों नहीं देते। ज़रा-सी बात के लिए टाल-मटोल कर रहे हो।

कैलाश – (*जोश में*) कौन कहता है कि मैं दिखाना नहीं चाहता? आप लोग तैयार हो जाएँ। (*उसने एक-एक करके पिटारे से साँपों को निकालना शुरू कर दिया और अपनी गरदन पर लपेटने लगा।*)

एक मित्र – (*हँसते हुए*) दाँत तोड़ डाले होंगे! तभी इतने मज़े से गले में डाल रहे हो।

कैलाश – इसके दाँत नहीं तोड़े गए हैं। (*काले साँप को पकड़कर*) मेरे पास इससे अधिक ज़हरीला साँप नहीं है, अगर किसी को डस ले तो देखते-ही-देखते दम निकल जाएगा।

कैलाश – (*साँप की गरदन को ज़ोर से दबाते हुए*) जिन लोगों को शक हो, वे नज़दीक आकर इसके दाँत देख लें। (*सबको दिखाता है।*)

(*जैसे ही कैलाश का हाथ ढीला हुआ साँप ने उसे डस लिया और जहर ने अपना रंग दिखाना शुरू कर दिया। धीरे-धीरे होंठ नीले पड़ने लगे और वह अचेत हो गया। डॉ॰ चड्ढा घर में होते हुए भी कुछ नहीं कर पाए। एक महाशय किसी झाड़-फूँक करने वाले को बुला लाए।*)

झाड़-फूँक करने वाला – अब कोई फ़ायदा नहीं। (*यह सुनते ही **कोहराम** मच जाता है।*)

तीसरा दृश्य

(*शहर से कई मील दूर बूढ़ा भगत और बुढ़िया जाड़े की रात में अपनी झोंपड़ी में पड़े हैं। कोई द्वार पर **दस्तक** देता है।*)

आदमी – भगत, क्या सो गए? ज़रा किवाड़ तो खोलो।
(*बूढ़ा किवाड़ खोलता है।*)

आदमी – डॉक्टर चड्ढा के बेटे को साँप ने डस लिया है।

बूढ़ा भगत – वही डॉक्टर चड्ढा न, जो छावनी के पास वाले बँगले में रहते हैं?

आदमी – हाँ-हाँ वही। देखने जाओगे?

बूढ़ा भगत – (*कठोरता से*) मैं नहीं जाऊँगा। डॉक्टर चड्ढा को खूब जानता

हूँ। मुन्ना को उन्हीं के पास ले गया था। खेलने जा रहे थे। सीधे मुँह बात तक नहीं की थी। भगवान सब कुछ देखता है। उस बखत मेरी आँखों से आँसू निकल पड़े थे। अपने खेल के पीछे उस पत्थर दिल ने मेरे मुन्ना को देखा तक नहीं।

(भगत के जीवन का यह पहला अवसर था कि जब किसी को साँप ने काटा हो और यह खबर सुनकर भी वह घर से कदम नहीं निकाल रहा हो। उसने सोने की लाख कोशिश की पर नींद कहाँ। वह चुपके से उठा और किवाड़ खोलकर बाहर निकल गया।)

चौकीदार – कहाँ चले भाई?

बूढ़ा भगत – जाऊँगा कहाँ? देख रहा था, रात कितनी बाकी है?

चौकीदार – डॉक्टर चड्ढा के बेटे का हाल तो तुमने सुना ही है। क्यों नहीं चले जाते? सुना है, बचाने वाले को दस हज़ार देने का वादा किया है।

बूढ़ा भगत – मैं तो नहीं जाऊँगा, चाहे वह दस लाख भी दें। मुझे लेकर करना क्या है? कल मर जाऊँगा तो फिर कौन भोगने वाला बैठा है?

(चौकीदार चला जाता है। बूढ़े का दिमाग कहता था– मत जाओ, पर अंदर की आवाज़ आगे ठेलती थी।)

(दो आदमी बातें करते हुए जा रहे थे– चड्ढा बाबू का घर उजड़ गया, बेचारे का एक ही बेटा था। भगत के कानों में आवाज़ पड़ते ही चाल तेज़ हो गई, सामने डॉक्टर साहब का बँगला नज़र आया।)

चौथा दृश्य

(डॉक्टर चड्ढा के घर की सब बत्तियाँ जल रही थीं, अंदर से रोने-पीटने की आवाज़ें आ रही थीं। भगत का कलेजा धक-धक करने लगा। कहीं मुझे देर तो नहीं हो गई। रात के दो बज चुके थे। भगत ने आवाज़ दी।)

डॉ॰ चड्ढा – *(उदासी से)* कौन है भाई! आज हम पर बहुत बड़ी मुसीबत आई है, शायद एक महीने तक किसी मरीज़ को न देख सकूँगा।

बूढ़ा भगत – आपकी मुसीबत सुन चुका हूँ। भैया कहाँ हैं? मुझे दिखा दीजिए। भगवान बड़ा कारसाज़ है। कौन जाने, अब भी उसे दया आ जाए।

डॉ॰ चड्ढा – *(उदास स्वर से)* चलो, देख लो। बहुत-से झाड़-फूँक वाले देखकर जा चुके हैं।

बूढ़ा भगत – अभी देर नहीं हुई है। नारायण चाहेंगे तो आधे घंटे में भैया उठ बैठेंगे।

(बूढ़ा भगत मंत्र पढ़कर कैलाश को जड़ी सुँघाता, कहार कैलाश पर पानी डालते जाते। आखिर उषा की लाल-लाल आँखें खुलीं तो कैलाश ने भी आँखें खोल दीं। कैलाश की माँ नारायणी दौड़कर भगत के पैरों में गिर पड़ी। डॉ॰ चड्ढा श्रद्धा भाव से भगत का यश गाते फिर रहे थे। भगत की तलाश होने लगी। भगत जा चुका था।)

डॉ॰ चड्ढा – भगत जी कहाँ गए?

नौकर – अभी तो यहीं बैठे चिलम पी रहे थे। हमने तमाखू दिया तो नहीं लिया, अपने पास से तमाखू निकालकर चिलम भरी थी। अब न जाने कहाँ चले गए?

डॉ॰ चड्ढा – बूढ़ा भगत न जाने कहाँ चला गया। एक चिलम तमाखू भी न लिया।

नारायणी – मैंने सोचा था कि उसे बड़ी रकम दूँगी।

डॉ॰ चड्ढा – रात को मैंने उसे नहीं पहचाना, पर दिन निकलते ही मैं उसे पहचान गया था। एक बार एक मरीज़ को लेकर आया था। मैं खेलने जा रहा था इसलिए मैंने मरीज़ को देखने से इनकार कर दिया था। आज शर्म आ रही है। उसे खोजकर, पैरों पर गिरकर अपने अपराध के लिए क्षमा माँगूगा। वह कुछ लेगा नहीं, यह मैं जानता हूँ। उसका जन्म यश की वर्षा के लिए हुआ है। उसकी सज्जनता ने मुझे ऐसा आदर्श दिया है, जो जीवनभर मेरे सामने रहेगा।

मुंशी प्रेमचंद

प्रेमचंद का जन्म 31 जुलाई, 1880 को बनारस के लमही नामक ग्राम में हुआ था। मुंशी प्रेमचंद का वास्तविक नाम धनपत राय श्रीवास्तव था। जो हिंदी और उर्दू के लेखक प्रेमचंद के नाम से प्रसिद्ध हुआ। इनकी प्रारंभिक शिक्षा अरबी और फ़ारसी में हुई। इनका बचपन अभावों में बीता। 1898 में मैट्रिक करने के बाद इन्होंने अध्यापन के क्षेत्र में प्रवेश किया। इसके साथ ही बी.ए. उत्तीर्ण की। असहयोग आंदोलन में सक्रिय होने के कारण इन्हें त्यागपत्र देना पड़ा। इन्होंने 300 से अधिक कहानियाँ लिखीं। कहानियों के साथ-साथ इन्होंने उपन्यास, नाटक आदि भी लिखे। उपन्यास लिखने में सर्वश्रेष्ठ होने के कारण इन्हें उपन्यास सम्राट कहा जाता है। इन्होंने हंस, मर्यादा, माधुरी जैसी पत्रिकाओं का संपादन भी किया। 1936 में इन्हें प्रगतिशील लेखक संघ द्वारा लखनऊ में सर्वप्रथम आयोजित भारतीय साहित्य सम्मेलन का सभापति बनाया गया। गोदान, गबन, रंगभूमि, सेवासदन, प्रेमाश्रय, निर्मला, कायाकल्प, कर्मभूमि, बड़े घर की बेटी, नमक का दरोगा, कफ़न, ईदगाह आदि इनकी प्रमुख रचनाएँ हैं। इनका निधन 8 अक्तूबर, 1936 को हुआ।

शब्दार्थ

उजड्ड	–	गँवार	निश्चल	–	बिना हिले-डुले
सहपाठी	–	साथ पढ़ने वाला	कोहराम	–	शोरगुल
दस्तक देना	–	दरवाज़ा खटखटाना	बखत	–	वक्त
पत्थर दिल	–	कठोर हृदय वाला	कारसाज़	–	चमत्कारी
उषा	–	सुबह	तमाखू	–	तंबाकू

इन्हें ऐसे भी लिख सकते हैं–

चड्ढा	–	चड्ढा	श्रद्धा	–	श्रद्धा

संकलनात्मक एवं रचनात्मक मूल्यांकन

मौखिक

1. पढ़िए और बोलिए–

मनुष्य नज़दीक डॉक्टर सज्जनता आदर्श

2. सोचकर बताइए–

(क) बूढ़ा भगत डॉ॰ चड्ढा के पास क्यों आया था?

(ख) डॉ॰ चड्ढा ने बूढ़े भगत के पुत्र को क्यों नहीं देखा?

(ग) डॉ॰ चड्ढा के घर में कोहराम क्यों मचा था?

लिखित

1. नीचे दिए प्रश्नों के उत्तर एक शब्द में दीजिए–

(क) बूढ़ा भगत डॉ॰ चड्ढा के पास किसे लेकर आया था? ....

(ख) कार को जाते देख बूढ़े भगत ने क्या किया? ....

(ग) डॉ॰ चड्ढा के घर किस उपलक्ष्य में पार्टी रखी गई थी? ....

(घ) कैलाश से साँप दिखाने का आग्रह किसने किया था? ....

(ङ) कैलाश को किसने काटा था? ....

2. नीचे दिए प्रश्नों के लघु उत्तर दीजिए–

(क) 'कोई मनुष्य इतना कठोर भी हो सकता है, इसका विश्वास नहीं आता।' इस उक्ति से डॉ० चड्ढा का कौन-सा रूप सामने आता है?

....

....

(ख) मृणालिनी कौन थी? कैलाश ने उसका आग्रह क्यों स्वीकार किया?

....

....

(ग) साँप के काटने पर क्या हुआ?

....

....

(घ) बूढ़ा भगत डॉ० चड्ढा के घर क्यों नहीं जाना चाहता था?

....

....

(ङ) इस नाटक से क्या शिक्षा मिलती है?

....

....

3. नीचे दिए प्रश्नों के दीर्घ उत्तर दीजिए–

(क) बूढ़े भगत ने डॉ० चड्ढा के बेटे को क्यों बचाया?

....

....

....

....

(ख) 'बूढ़े का दिमाग कहता था– मत जाओ, पर अंदर की आवाज़ आगे ठेलती थी।' इस वाक्य से बूढ़े भगत की किस मन:स्थिति का पता चलता है? वर्णन कीजिए।

....

....

....

....

(ग) बूढ़े भगत ने डॉ॰ चड्ढा को इंसानियत का पाठ कैसे पढ़ाया?

....

....

....

....

4. किसने, किससे कहा। सही उत्तर पर (✓) का चिह्न लगाइए–

(क) दुहाई है सरकार की, लड़का मर जाएगा।

(*i*) बूढ़े से डॉ॰ चड्ढा ने ☐ (*ii*) बूढ़े ने डॉ॰ चड्ढा से ☐

(*iii*) चौकीदार ने बूढ़े से ☐ (*iv*) चौकीदार ने डॉ॰ चड्ढा से ☐

(ख) कह दिया न, कल आना।

(*i*) नौकर ने बूढ़े से ☐ (*ii*) डॉक्टर ने बूढ़े से ☐

(*iii*) कैलाश ने मृणालिनी से ☐ (*iv*) डॉक्टर ने नारायणी से ☐

(ग) तुम्हारे साँप कहाँ हैं? ज़रा मुझे भी दिखाओ।

(*i*) कैलाश ने मित्र से ☐ (*ii*) नारायणी ने कैलाश से ☐

(*iii*) मृणालिनी ने कैलाश से ☐ (*iv*) डॉ॰ चड्ढा ने कैलाश से ☐

(घ) दाँत तोड़ डाले होंगे।

(*i*) बूढ़े ने कैलाश से ☐ (*ii*) मित्र ने कैलाश से ☐

(*iii*) कैलाश ने मृणालिनी से ☐ (*iv*) नारायणी ने कैलाश से ☐

(ङ) तुम क्यों नहीं चले जाते? सुना है, बचाने वाले को दस हज़ार देने का वादा किया है।

(*i*) नौकर ने झाड़-फूँक वाले से ☐ (*ii*) बुढ़िया ने बूढ़े से ☐

(*iii*) चौकीदार ने बूढ़े भगत से ☐ (*iv*) बूढ़े ने चौकीदार से ☐

(च) अभी तो यहीं बैठे चिलम पी रहे थे।

(*i*) नौकर ने कैलाश से ☐ (*ii*) नौकर ने डॉ॰ चड्ढा से ☐

(*iii*) डॉ॰ चड्ढा ने नारायणी से ☐ (*iv*) नौकर ने नारायणी से ☐

(छ) मैंने सोचा था कि उसे बड़ी रकम दूँगी।

(*i*) मृणालिनी ने कैलाश से ☐ (*ii*) नारायणी ने मृणालिनी से ☐

(*iii*) नारायणी ने डॉ॰ चड्ढा से ☐ (*iv*) मृणालिनी ने डॉ॰ चड्ढा से ☐

भाषा ज्ञान

क्रियाविशेषण के भेद

कालवाचक क्रियाविशेषण– क्रिया के समय का बोध कराने वाले विशेषण शब्द; जैसे– पहले, बाद में, कल, अभी-अभी आदि।

रीतिवाचक क्रियाविशेषण– क्रिया की रीति का बोध कराने वाले विशेषण शब्द; जैसे– धीरे-धीरे, तेज़ी से, चुपके-चुपके, मन-ही-मन आदि।

स्थानवाचक क्रियाविशेषण– क्रिया के स्थान का बोध कराने वाले विशेषण शब्द; जैसे– ऊपर, नीचे, अंदर, बाहर, यहाँ, वहाँ आदि।

परिमाणवाचक क्रियाविशेषण– क्रिया के परिमाण का बोध कराने वाले विशेषण शब्द; जैसे– बहुत, ज़्यादा, कम, थोड़ा, ज़रा आदि।

1. नीचे दिए वाक्यों से क्रियाविशेषण शब्द ढूँढ़कर लिखिए और उनके भेद भी बताइए–

(क) वनिता विद्यालय से अभी आई है। अभी कालवाचक

(ख) उतना खाओ, जितना पचा सको। ....

(ग) मोटर धीरे-धीरे चलने लगी। ....

(घ) मयंक अंदर चला गया। ....

(ङ) वह सारी बातें ध्यानपूर्वक सुन रहा था। ....

(च) पानी के अंदर बहुत सारी मछलियाँ हैं। ....

2. नीचे दिए वाक्यों में सर्वनाम शब्दों पर ◯ लगाइए–

(क) हम इस वक्त मरीज़ों को नहीं देखते।

(ख) अगर किसी को डस ले तो देखते-ही-देखते दम निकल जाए।

(ग) चाहे वह दस लाख भी दे।

(घ) आज हम पर बहुत बड़ी मुसीबत आई है।

(ङ) अपने पास से तमाखू निकालकर चिलम भरी थी।

3. पाठ में प्रयोग किए गए शब्द-युग्म ढूँढ़कर लिखिए–

....

....

एकांकी से आगे

- डॉ॰ चड्ढा ने अपने खेल को प्राथमिकता देते हुए बूढ़े के बेटे का उपचार नहीं किया। आपके अनुसार यह उचित है या अनुचित? तर्क सहित उत्तर दीजिए।
- यदि आप बूढ़े भगत के स्थान पर होते तो क्या करते?

नन्हे हाथों से

- **किसी दुर्घटना का आँखों देखा हाल अपने शब्दो में लिखिए–**

कुछ करने को

- साँप के काटने पर प्राथमिक उपचार के तौर पर क्या करना चाहिए? जानकारी एकत्र करके लिखिए।
- विभिन्न प्रजातियों के साँपों के चित्र एकत्र करके कोलॉज बनाइए।
- साँप एक ज़हरीला प्राणी है परंतु कुछ स्थानों पर इसके कटलेट्स बनाकर खाए जाते हैं। यह बात कहाँ तक सही है? जानकारी प्राप्त कीजिए।

आप क्या करेंगे

- यदि आपके समक्ष दो विपरीत स्वभाव के छात्र हों– एक धनवान परंतु घमंडी स्वभाव का, दूसरा निर्धन परंतु आदर्श व्यक्तित्व वाला। इनमें से आप किससे मित्रता करना पसंद करेंगे?
- यदि कक्षा में आपसे ईर्ष्या रखने वाला कोई छात्र किसी मुसीबत में फँस जाए तो आप क्या करेंगे?

10 रक्त

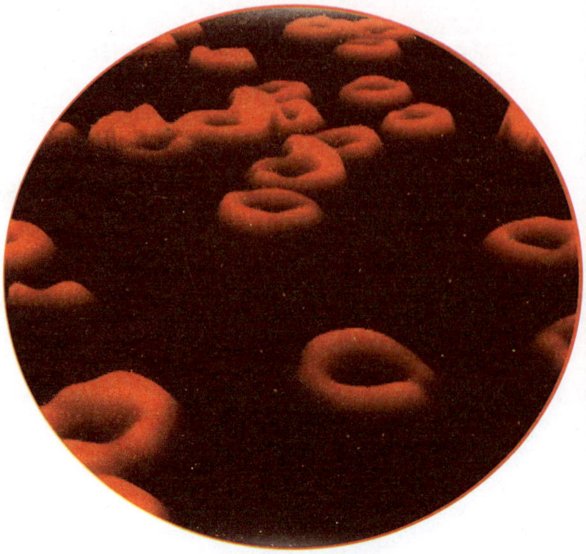

बेबी और आयुष दोनों बहन-भाई एक ही विद्यालय में पढ़ते थे। आयुष बहुत नटखट था। वह झटपट अपना सारा काम करके शरारत करने में लग जाता था। जबकि बेबी सुस्ती और ढीलेपन का उदाहरण थी। वह सारा काम धीरे-धीरे करती थी। वह बहुत ही शांत और सरल स्वभाव की लड़की थी। पढ़ने में सर्वश्रेष्ठ थी इसलिए उसे डाँट पड़ने के अवसर भी कम ही आते थे। लेकिन आयुष तो दिनभर जैसे डाँट खाए बिना रह ही नहीं सकता था।

एक दिन दोनों विद्यालय जाने के लिए तैयार हो रहे थे। आयुष ने झटपट नहा-धोकर कपड़े पहने और लगा उछलने। तभी बेबी खड़े-खड़े धड़ाम से ज़मीन पर गिर पड़ी। आयुष चिल्लाया– "माँ, देखो दीदी को क्या हो गया है?" माता जी रसोई से भागती हुई आईं। उधर आवाज़ सुनकर पिता जी भी दौड़े आए। बेबी अचेत हो गई थी। उसे उठाकर बिस्तर पर लिटा दिया गया। फिर पिता जी ने तुरंत डॉक्टर को फोन लगाया। प्रातः काल का समय था। डॉक्टर जो पड़ोस में ही रहते थे, अपने क्लिनिक जाने की तैयारी कर रहे थे। फोन सुनते ही तुरंत आ गए। थोड़ी-सी देर में ही बेबी को चेतना आ गई। डॉक्टर ने बेबी को देखा और कुछ जाँच करवाने के लिए कहा।

उस दिन आयुष को अकेले ही विद्यालय जाना पड़ा। यद्यपि वह अपनी दीदी से बात-बात पर झगड़ता था परंतु आज उसे अकेले विद्यालय जाना बिलकुल नहीं भाया। वह सारे दिन अपनी दीदी के बारे में सोचता रहा। दोपहर को विद्यालय से आने के बाद आयुष सीधा बेबी के पास पहुँचा। बेबी उस समय सो रही थी। वह उसके पास बैठने लगा। तभी माँ ने कहा, "जाओ, पहले वस्त्र बदलो। खा-पीकर अपना काम करो। दीदी को बिलकुल परेशान मत करना।" आयुष ने पूछा, "माँ! दीदी को क्या हुआ है?" माँ ने कहा, "कुछ नहीं, थोड़ी थकावट है। डॉक्टर ने दवाइयाँ दी हैं। ठीक हो जाएगी। डॉक्टर ने कुछ जाँच भी करवाने को कहा है। उसके बाद ही पता चलेगा कि तुम्हारी दीदी को क्या हुआ है?"

शिक्षण संकेत

- बच्चों को रक्त संबंधी जानकारी दें; जैसे– हमारे शरीर में कितना रक्त होता है, यह क्या कार्य करता है? रक्त के अभाव में क्या-क्या बीमारियाँ हो सकती हैं? आदि।
- रक्त से संबंधित अन्य बीमारियों के बारे में भी बताएँ।

अगले दिन बेबी के रक्त की जाँच करवाने के लिए पिता जी उसे क्लिनिक ले जाने लगे। रविवार होने के कारण आयुष घर पर ही था। वह भी साथ जाने का हठ करने लगा। शरारत न करने की शर्त पर उसे भी साथ जाने की अनुमति मिल गई। नई–नई चीज़ों को जानने और समझने की उत्सुकता आयुष में बचपन से ही थी। डॉक्टर ने बेबी की अँगुली से कुछ रक्त निकाला, फिर स्लाइड पर एक बूँद रक्त डालकर निरीक्षण करने लगे। आयुष उत्सुकतावश बीच में ही बोल पड़ा, "डॉक्टर अंकल, क्या रक्त की एक बूँद से दीदी की बीमारी का पता चल जाएगा?" डॉक्टर मुसकराते हुए बोले, "क्यों नहीं, रक्त की एक बूँद में हमारे शरीर के कई रहस्य छिपे होते हैं।"

रक्त की जाँच करने के बाद डॉक्टर ने पिता जी को बताया कि घबराने की कोई बात नहीं, बेबी को एनीमिया हो गया है। कुछ दिन लगातार दवाइयाँ खानी होंगी। तभी आयुष बोल उठा, "अंकल! एनीमिया का क्या मतलब होता है?" डॉक्टर भी फुरसत में थे क्योंकि छुट्टी वाले दिन उनके पास कम ही मरीज़ आते थे, वे बोले, "एनीमिया को समझने के लिए पहले रक्त को समझना होगा। हमारे रक्त के दो भाग होते हैं। एक है– प्लाज़्मा, जो तरल पदार्थ होता है। दूसरे हैं– रक्त कण जो प्लाज़्मा में तैरते हैं।" फिर डॉक्टर ने आयुष को अपने पास बुलाकर कहा, "ये देखो, लाल रक्त कण।" आयुष ने सूक्ष्मदर्शी से स्लाइड पर देखा तो आश्चर्य से उछल पड़ा और कहा, "रक्त की एक बूँद में इतने सारे कण।" डॉक्टर ने कहा, "ध्यान से देखो, तुम्हें इनका आकार लाल बालूशाही जैसा दिखेगा।" आयुष ने ध्यानपूर्वक देखते हुए कहा, "हाँ–हाँ डॉक्टर अंकल, यह तो बिलकुल बालूशाही लग रहे हैं।" डॉक्टर अंकल ने बताया कि रक्त की एक बूँद में

लाखों लाल रक्त कण होते हैं, जिनके कारण रक्त का रंग लाल दिखाई देता है। ये कण साँस लेने पर मिली ऑक्सीजन को हमारे शरीर के हर भाग में पहुँचाने का कार्य करते हैं। इनका जीवनकाल लगभग चार महीने का होता है। चार महीने होते-होते ये नष्ट हो जाते हैं। फिर इनके स्थान पर नए रक्त कण आकर वही कार्य करने लगते हैं। आयुष, "पर नए रक्त कण कहाँ से आते हैं?" डॉक्टर, "हमारी हड्डियों के बीच नये रक्त कणों का निर्माण कार्य लगातार चलता रहता है। इन कणों को बनाने के लिए प्रोटीन, लौह-तत्व और विटामिनों की आवश्यकता होती है और ये सब पौष्टिक आहार से प्राप्त होते हैं। हरी सब्ज़ी, फल, दूध, अंडा, गोश्त आदि से ये सब भरपूर मात्रा में प्राप्त होते हैं। यदि कोई व्यक्ति पौष्टिक आहार नहीं लेता तो नए रक्त कण बन नहीं पाते, जिससे शरीर में रक्त की कमी हो जाती है। लाल कणों की इसी कमी को एनीमिया कहते हैं। जो इस समय बेबी को है।"

आयुष, "तो क्या पौष्टिक आहार लेने से एनीमिया से बच सकते हैं?"

डॉक्टर, "हाँ-हाँ पौष्टिक और संतुलित आहार लेने से एनीमिया जैसी बीमारी से बचा जा सकता है। एनीमिया का एक अन्य कारण और भी हो सकता है, वह है– पेट के कीड़े। यदि किसी के पेट में कीड़े हों तो वे हमारे आहार को खा जाते हैं और हमें उसका पूर्ण लाभ नहीं मिल पाता।"

बेबी जो काफी देर से चुप थी बोल उठी, "अंकल, पेट में कीड़े कैसे हो जाते हैं?" डॉक्टर, "कीड़े दूषित जल और खाद्य पदार्थों द्वारा हमारे शरीर में प्रवेश करते हैं। अतः इनसे बचने के लिए स्वच्छता का ध्यान रखना चाहिए। भोजन बनाते समय सब्ज़ियों को धोकर काटना व बनाना चाहिए। फलों को धोकर खाना चाहिए। भोजन करने से पहले और बाद में हाथों को अच्छी प्रकार से धो लेना चाहिए। बिना ढका व जिस पर मक्खी आदि भिनभिनाती हों, वह भोजन भूलकर भी नहीं खाना चाहिए।"

आयुष बीच में टोकते हुए, "अच्छा अंकल, लाल रक्त कण तो ऑक्सीजन के वाहक हैं। क्या रक्त का कार्य केवल शरीर में ऑक्सीजन पहुँचाना होता है।" डॉक्टर, "ऑक्सीजन के वाहक तो केवल लाल रक्त कण होते हैं। रक्त में श्वेत रक्त कण भी होते हैं जो हमारे शरीर के रक्षक होते हैं। ये रक्त कण शरीर पर होने वाले रोगाणुओं के आक्रमण से हमें बचाते हैं। कोई भी रोगाणु जब शरीर में प्रवेश करता है तो ये उनका डटकर मुकाबला करते हैं और उसे मार गिराते हैं। यदि रक्त में श्वेत रक्त कण कम हो जाएँ तो बीमारियों से लड़ने की हमारी आंतरिक शक्ति कम हो जाती है। तभी हम अधिक बीमार पड़ते हैं।

इनके अतिरिक्त हमारे रक्त में हीमोग्लोबिन होता है जो शरीर में रक्त का थक्का जमाने का कार्य करता है। जब कभी हमें चोट आदि लग जाती है तो वहाँ रक्त का थक्का-सा जम जाता है, जो रक्त को बाहर नहीं आने देता। यदि किसी व्यक्ति को गहरी चोट लग जाए तो उस पर साफ़ कपड़ा बाँधकर उसे तुरंत डॉक्टर के पास ले जाना चाहिए क्योंकि अधिक रक्त बह जाने से मृत्यु भी हो सकती है। अधिक रक्त बह जाने पर रक्त चढ़ाने से व्यक्ति का जीवन बचाया जा सकता है।

आयुष, "लेकिन रक्त तो हमारे शरीर में बनता है। क्या उसे बाहर भी बनाया जा सकता है?" डॉक्टर, "अरे! नहीं, दूसरे व्यक्ति का रक्त लेकर चढ़ाया जाता है।"

आयुष, "जिसका रक्त निकाला गया है यदि उसमें रक्त कम हो जाए तो?"

डॉक्टर, "एक समय में किसी स्वस्थ व्यक्ति का केवल 300 मिलीलीटर रक्त ही निकाला जा सकता है। हमारे शरीर में लगभग पाँच लीटर रक्त होता है। उसमें से यदि 300 मिलीलीटर रक्त निकाल लिया जाए और ज़रूरतमंद को दे दिया जाए तो इससे बड़ी बात क्या होगी? किसी का जीवन बच जाएगा और इतना रक्त तो कुछ ही दिनों में पुन: बन जाएगा।"

बेबी, "लेकिन अंकल, मैंने सुना है कि हर किसी को हर किसी का रक्त नहीं चढ़ाया जा सकता।" डॉक्टर, "बिलकुल ठीक सुना है। हमारे रक्त के अलग-अलग समूह होते हैं—ए, बी, एबी और ओ। इनमें भी पॉज़िटिव और निगेटिव होते हैं। ओ पॉज़िटिव वाले रक्त समूह के लोगों को 'दानी' की श्रेणी में रखा जाता है क्योंकि इनका रक्त सभी समूह के लोगों को चढ़ाया जा सकता है। गलत समूह का रक्त चढ़ाना जानलेवा भी हो सकता है। इसलिए रक्त चढ़ाने से पहले डॉक्टर रक्त के समूह की जाँच अवश्य करते हैं।"

आयुष, "यदि रक्त की आवश्यकता पड़ने पर कोई रक्त देने वाला न मिले तो?" डॉक्टर, "ऐसी आपात स्थिति के लिए अस्पतालों में ब्लड-बैंक होते हैं, जिनमें सभी प्रकार के रक्त समूहों का रक्त विशेष प्रकार के फ्रीज़ में रखा जाता है।" "ब्लड-बैंक में इतना रक्त कहाँ से आता है?" आयुष ने उत्सुकता से पूछा। डॉक्टर, "समय-समय पर रक्तदान शिविरों का आयोजन करके रक्त एकत्र किया जाता है, जिसमें बहुत से लोग स्वेच्छा से रक्तदान करते हैं। इसके अतरिक्त कुछ लोग अस्पतालों में जाकर भी रक्तदान करते हैं।" आयुष के पिता, "लगता है, आज ही सारी जानकारी ले लोगे। चलो! डॉक्टर अंकल को काम करने दो।" आयुष हँसते हुए, "अंकल, मैं भी बड़ा होकर रक्तदान अवश्य करूँगा।"

शब्दार्थ

सर्वश्रेष्ठ – सबसे अच्छा

उत्सुकता – प्रबल इच्छा

एनीमिया – शरीर में रक्त की कमी से होने वाली बीमारी

खाद्य – खाए जाने वाले

अचेत – बेहोश

निरीक्षण– जाँच-पड़ताल

पौष्टिक आहार–संतुलित भोजन

इन्हें ऐसे भी लिख सकते हैं–

छुट्टी – छुट्टी

हड्डियाँ – हड्डियाँ

संकलनात्मक एवं रचनात्मक मूल्यांकन

मौखिक

1. पढ़िए और बोलिए–

एनीमिया ऑक्सीजन क्लिनिक उत्सुकतावश स्वच्छता

2. सोचकर बताइए–

(क) रक्त की जाँच क्यों की जाती है?

(ख) पेट में कीड़े कैसे पहुँचते हैं तथा इनसे क्या हानि होती है?

(ग) रक्तदान से क्या लाभ हैं?

लिखित

1. नीचे दिए प्रश्नों के लघु उत्तर दीजिए–

(क) एनीमिया किसे कहते हैं? इसके प्रमुख कारण क्या हैं?

....

....

(ख) एनीमिया से बचने के लिए क्या करना चाहिए?

....

....

(ग) हीमोग्लोबिन क्या होता है? इसका क्या कार्य है?

....

....

(घ) श्वेत रक्त कणों को शरीर का रक्षक क्यों कहा जाता है?

....

....

....

(ङ) ब्लड-बैंक क्यों बनाए गए हैं?

....

....

2. नीचे दिए प्रश्नों के दीर्घ उत्तर दीजिए–

(क) शरीर में रक्त का क्या महत्त्व है? इसकी कमी से क्या हानि हो सकती है?

....

....

....

....

(ख) रक्त की संरचना का वर्णन कीजिए और बताइए कि इसका रंग लाल क्यों होता है?

....

....

....

....

3. नीचे दिए प्रश्नों के उपयुक्त उत्तर पर (✓) का चिह्न लगाइए–

(क) बेबी अपना काम कैसे करती थी?

(*i*) फटाफट ☐ (*ii*) धीरे-धीरे ☐ (*iii*) दबाव में आकर ☐

(ख) बेबी को कौन-सी बीमारी हो गई थी?

(*i*) टायफाइड ☐ (*ii*) डेंगू ☐ (*iii*) एनीमिया ☐

(ग) रक्त के तरल भाग को क्या कहते हैं?

(*i*) प्लाज़्मा ☐ (*ii*) हीमोग्लोबिन ☐ (*iii*) श्वेत रक्त कण ☐

(घ) एनीमिया का क्या कारण है?

(*i*) पौष्टिक आहार न लेना ☐ (*ii*) पेट में कीड़े होना ☐ (*iii*) दोनों ☐

(ङ) शरीर में ऑक्सीजन के वाहक कौन-से रक्त कण होते हैं?

(*i*) श्वेत रक्त कण ☐ (*ii*) लाल रक्त कण ☐ (*iii*) हीमोग्लोबिन ☐

(च) श्वेत रक्त कण क्या करते हैं?

(i) शरीर में ऑक्सीजन पहुँचाते हैं। ☐ (ii) हमें बीमारियों से बचाते हैं। ☐

(iii) रक्त का थक्का जमाते हैं। ☐

(छ) चोट लगने पर रक्त का थक्का जमाने का कार्य कौन करता है?

(i) ऑक्सीजन ☐ (ii) विटामिंस ☐ (iii) हीमोग्लोबिन ☐

(ज) कौन-से रक्त समूह का रक्त सभी रक्त समूह के लोगों को चढ़ाया जा सकता है?

(i) ए पॉज़िटिव ☐ (ii) बी पॉज़िटिव ☐ (iii) ओ पॉज़िटिव ☐

भाषा ज्ञान

वाक्य में कुछ शब्द जोड़े में आते हैं। उन्हें शब्द-युग्म कहते हैं। हिंदी भाषा में अनेक प्रकार के शब्द-युग्म हैं–

पुनरुक्ति वाले	समानार्थी या समान वर्ग वाले	विलोम
खुशी-खुशी चलते-चलते	रिश्ते-नाते आस-पास	सुख-दुख दिन-रात
सार्थक एवं निरर्थक	**निरर्थक**	**परसर्ग सहित**
चाय-वाय खाना-वाना	ताबड़-तोड़ अनाप-शनाप	कुछ-न-कुछ कभी-न-कभी

1. नीचे दिए शब्द-युग्मों से वाक्य बनाकर लिखिए–

धीरे-धीरे – ....

बात-बात पर – ....

खाना-पीना – ....

आना-जाना – ....

चलते-चलते – ....

2. **नीचे दिए शब्दों में ई प्रत्यय वाले शब्दों? पर ◯ लगाइए–**

धोती	पोती	सुस्ती	चुस्ती	दानी
फुर्ती	मस्ती	अनुमति	ज्ञानी	शरारती

3. **वर्ग-पहेली से समानार्थी शब्द ढूँढ़कर लिखिए–**

दि	व	स	न	द्र
वि	द्या	ल	य	व
चि	कि	त्स	क	क्ति
अ	बे	भो	ज	न
द्	हो	क	प	रा
य	श	ज	म	ज़

डॉक्टर – ....

तरल – ....

आहार – ....

आज – ....

दिन – ....

रहस्य – ....

अचेत – ....

स्कूल – ....

लेख से आगे

- यदि किसी चोटिल व्यक्ति को समय पर अस्पताल न पहुँचाया जा सके तो क्या होगा?
- यदि किसी स्वस्थ-मनुष्य को किसी लाइलाज बीमारी से ग्रस्त रोगी का रक्त चढ़ा दिया जाए तो क्या होगा?

कुछ करने को

- विश्व ब्लड-बैंक के बारे में जानकारी एकत्र कीजिए। रक्तदान शिविर का आयोजन कब, कहाँ और कैसे किया जाता है?
- रक्तसंबंधी बीमारियों की सूची बनाइए। उनसे बचाव और उपचार की जानकारी भी एकत्र कीजिए।

नन्हे हाथों से

- चित्र देखकर अनुच्छेद लिखिए–

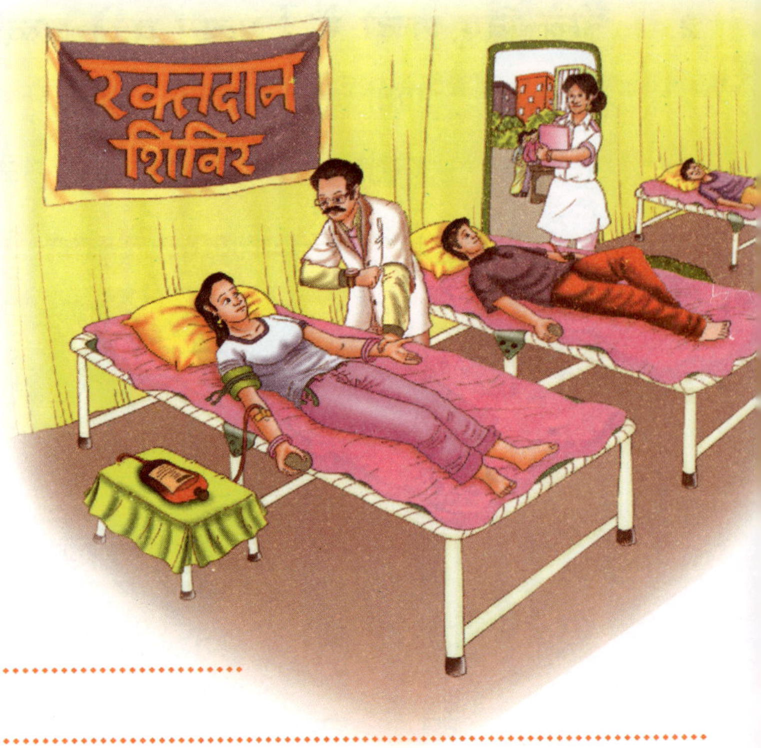

आप क्या करेंगे

- यदि खेलते समय आपके मित्र को चोट लग जाए और रक्त तेज़ी से बह रहा हो तो आप क्या करेंगे?
- यदि आपका छोटा भाई/बहन खाने-पीने में स्वच्छता का ध्यान न रखे तो आप क्या करेंगे?

11 शहीदों की कलम से

काकोरी कांड की ऐतिहासिक घटना भारत को स्वतंत्रता दिलाने में लगे क्रांतिकारियों के लिए एक प्रमुख घटना थी।

9 अगस्त, 1925 को रामप्रसाद बिस्मिल, अशफ़ाक उल्ला खाँ और कुछ अन्य युवा क्रांतिकारियों ने रेल को रुकवाकर सरकारी खज़ाने को लूट लिया था। पकड़े जाने पर उन्हें फाँसी पर चढ़ाने का दिन 19 दिसंबर, 1927 निश्चित किया गया।

फाँसी पर चढ़ने से पहले इन क्रांतिकारियों ने अपने मन के भावों को पत्र के माध्यम से उद्धृत किया। उन्हीं पत्रों में से दो पत्र यहाँ दिए गए हैं।

मेरे प्यारे देशवासियो!

भारतमाता को आज़ाद करवाने के लिए रंगमंच पर हम अपनी भूमिका अदा कर चुके हैं। गलत किया या सही, हमने जो भी किया, स्वतंत्रता पाने की भावना से प्रेरित होकर किया। हमारे अपने निंदा करें या प्रशंसा, लेकिन हमारे दुश्मनों को हमारी हिम्मत और वीरता की प्रशंसा

शिक्षण संकेत

- बच्चों में देशभक्ति की भावना को विकसित करें।
- बच्चों को समझाएँ कि स्वतंत्रता हमें उपहार में नहीं मिली है। इसके लिए न जाने कितने स्वतंत्रता सेनानियों ने अपने प्राणों का बलिदान दिया है। उनकी नि:स्वार्थ भावना, देशप्रेम और त्याग के कारण ही हम स्वतंत्र भारत में जन्म ले सके हैं।
- बच्चों में देश-भक्तों के प्रति श्रद्धा की भावना जगाएँ।

करनी पड़ी। कुछ लोग कहते हैं कि हमने गुलामी को न सहा और देश में आतंकवाद फैलाना चाहा, पर यह सब गलत है। हमारे कितने ही साथी आज भी आज़ाद हैं, फिर भी हमारे किसी साथी ने कभी भी किसी नुकसान पहुँचाने वाले पर गोली नहीं चलाई। यह हमारा उद्देश्य नहीं था। हम तो स्वतंत्रता प्राप्त करने के लिए देशभर में क्रांति लाना चाहते थे।

सरकार भी अंग्रेज़ों की और जज भी अंग्रेज़ों के, फिर न्याय की माँग किससे करें। जजों ने हमें निर्दयी, बर्बर, मानवता पर कलंक आदि विशेषणों से पुकारा है। हमारे शासकों की क़ौम के जनरल डायर ने निहत्थों पर गोलियाँ चलवाईं। बच्चों, बूढ़ों, स्त्री-पुरुषों सब पर दनादन गोलियाँ दागी गईं। तब इंसाफ़ के इन ठेकेदारों ने अपने भाई-बंधुओं को किन विशेषणों से संबोधित किया था? फिर हमारे साथ ही यह सलूक क्यों?

हिंदुस्तानी भाइयो! आप चाहे किसी भी धर्म या संप्रदाय के मानने वाले हों, देश के काम में साथ रहो, आपस में व्यर्थ न लड़ो। रास्ते चाहे अलग हों, लेकिन उद्देश्य तो सबका एक है। सभी कार्य एक ही उद्देश्य की पूर्ति के साधन हैं। एक होकर देश की नौकरशाही का मुकाबला करो। अपने देश को आज़ाद कराओ। देश के सात करोड़ मुसलमानों में मैं पहला मुसलमान हूँ, जो देश की आज़ादी के लिए फाँसी पर चढ़ रहा हूँ। यह सोचकर मुझे गर्व महसूस होता है।

सभी को मेरा सलाम! हिंदुस्तान आज़ाद हो! सब खुश रहें!

आपका भाई,

अशफ़ाक

16 दिसंबर, 1927

फैज़ाबाद जेल

पूज्य माता जी,

सादर चरण वंदना!

इस संसार में मेरी किसी भी भोग-विलास तथा सुख की कोई इच्छा नहीं है। केवल एक इच्छा थी, वह यह कि एक बार श्रद्धापूर्वक तुम्हारे चरणों की सेवा करके अपने जीवन को सफल बना लेता। किंतु यह इच्छा पूर्ण होती दिखाई नहीं दे रही क्योंकि शीघ्र ही मेरी मृत्यु का फरमान सुनाया जाने वाला है।

माँ, मुझे विश्वास है कि तुम यह समझकर धैर्य धारण करोगी कि तुम्हारा पुत्र माताओं की माता– 'भारतमाता' की सेवा में अपना जीवन समर्पित कर गया है। जब स्वाधीन भारत का इतिहास लिखा जाएगा तो किसी पृष्ठ पर उज्ज्वल अक्षरों में मेरा और तुम्हारा नाम भी अवश्य लिखा होगा। जन्मदात्री! वर दो कि अंतिम समय में भी मेरा हृदय दृढ़ रहे और तुम्हारे चरणकमलों में प्रणाम अर्पित करता हुआ शहीद हो जाऊँ।

तुम्हारा बेटा

रामप्रसाद बिस्मिल

शब्दार्थ

रंगमंच – वह स्थान जहाँ पात्र अपनी भूमिका निभाता है

स्वतंत्रता – आज़ादी		**उद्देश्य** – लक्ष्य, इष्ट	
क्रांति – परिवर्तन		**निर्दयी** – दयारहित, कठोर हृदय वाला	
बर्बर – असभ्य, जंगली		**गर्व** – अभिमान	
समर्पित – सौंपा हुआ, दिया हुआ		**जन्मदात्री** – जन्म देने वाली	
वर – वरदान			

संकलनात्मक एवं रचनात्मक मूल्यांकन

मौखिक

1. पढ़िए और बोलिए–

प्रशंसा   प्रेरित   हिंदुस्तानी   श्रद्धापूर्वक   समर्पित   उज्ज्वल

2. सोचकर बताइए–

(क) क्रांतिकारियों का मुख्य उद्देश्य क्या था?

(ख) अंग्रेज़ों द्वारा क्रांतिकारियों के साथ कैसा सलूक किया गया?

(ग) अशफ़ाक को किस बात पर गर्व हो रहा था और क्यों?

लिखित

1. नीचे दिए प्रश्नों के लघु उत्तर दीजिए–

(क) पत्र में अशफ़ाक ने देशवासियों को क्या संदेश दिया है?

....

....

(ख) रामप्रसाद बिस्मिल की कौन-सी इच्छा पूरी नहीं हो सकी?

....

....

(ग) बिस्मिल ने अपनी माता को किन शब्दों से ढाँढस बँधाया?

....

....

(घ) "दुश्मनों तक को हमारी हिम्मत और वीरता की प्रशंसा करनी पड़ी।" इस कथन से क्या अभिप्राय है?

....

....

2. नीचे दिए प्रश्नों के दीर्घ उत्तर दीजिए–

(क) भारतमाता को आज़ाद करवाने के लिए रंगमंच पर हम अपनी भूमिका अदा कर चुके हैं। इस कथन से अशफ़ाक का क्या अभिप्राय है? विवेचना कीजिए।

....

....

....

....

(ख) अशफ़ाक और बिस्मिल को फाँसी क्यों दी गई थी?

....

....

....

....

3. नीचे दिए प्रश्नों के उपयुक्त उत्तर पर (✓) का चिह्न लगाइए–

(क) क्रांतिकारियों के लिए कौन-सी घटना ऐतिहासिक थी?

(*i*) लाहौरी कांड ☐ (*ii*) निठारी कांड ☐ (*iii*) काकोरी कांड ☐

(ख) काकोरी कांड की घटना कब घटित हुई थी?

(*i*) 9 अगस्त, 1925 को ☐ (*ii*) 19 दिसंबर, 1927 को ☐

(*iii*) 5 जून, 1926 को ☐

(ग) क्रांतिकारी क्या नहीं करना चाहते थे?

(*i*) देश में क्रांति लाना ☐ (*ii*) देश में आतंकवाद फैलाना ☐

(*iii*) फाँसी पर चढ़ना ☐

(घ) जनरल डायर ने किन पर गोलियाँ चलवाई थीं?

(*i*) निहत्थे लोगों पर ☐ (*ii*) रेलगाड़ी लूटने वालों पर ☐

(*iii*) जेल के कैदियों पर ☐

(ङ) बिस्मिल ने माँ से कौन-सा वर माँगा?

(*i*) मेरा जन्म सफल हो। ☐

(*ii*) मेरा हृदय दृढ़ रहे। ☐

(*iii*) मेरा नाम स्वर्ण अक्षरों में लिखा जाए। ☐

भाषा ज्ञान

1. नीचे दिए संज्ञा शब्दों से विशेषण शब्द बनाइए–

संज्ञा	विशेषण	संज्ञा	विशेषण
स्वतंत्रता –	स्वतंत्र	भारत –	....
वीरता –	....	उज्ज्वलता –	....
गुलामी –	....	स्वाधीनता –	....

2. नीचे दिए विशेषण शब्दों से संज्ञा शब्द बनाइए–

विशेषण		संज्ञा	विशेषण		संज्ञा
मेहनती	–	....	मीठा	–	....
कलंकित	–	....	हिम्मती	–	....

3. गद्यांश को पढ़कर प्रश्नों के उपयुक्त उत्तर पर (✓) का चिह्न लगाइए–

सरकार भी अंग्रेज़ों की और जज भी अंग्रेज़ों के, फिर न्याय की माँग किससे करें। जजों ने हमें निर्दयी, बर्बर, मानवता पर कलंक आदि विशेषणों से पुकारा है। हमारे शासकों की क़ौम के जनरल डायर ने निहत्थों पर गोलियाँ चलवाईं। बच्चों, बूढ़ों, स्त्री-पुरुषों सब पर दनादन गोलियाँ दागी गईं। तब इंसाफ़ के इन ठेकेदारों ने अपने भाई-बंधुओं को किन विशेषणों से संबोधित किया था? फिर हमारे साथ ही यह सलूक क्यों?

(क) जज़ ने निर्दयी, बर्बर, मानवता पर कलंक आदि विशेषणों से किसे पुकारा है?

(*i*) जनरल डायर को ☐ (*ii*) क्रांतिकारियों को ☐
(*iii*) देशवासियों को ☐

(ख) निहत्थे बच्चों, बूढ़ों और स्त्री-पुरुषों पर गोलियाँ किसने चलवाई थीं?

(*i*) जज ने ☐ (*ii*) जनरल डायर ने ☐
(*iii*) क्रांतिकारियों ने ☐

(ग) इंसाफ़ के ठेकेदार किन्हें कहा गया है?

(*i*) अंग्रेज़ी जजों को ☐ (*ii*) जनरलों को ☐
(*iii*) स्वतंत्रता सेनानियों को ☐

(घ) गद्यांश को पढ़कर बताइए कि इसमें कौन-से सर्वनाम प्रयोग नहीं किए गए हैं?

(*i*) हमारे, हमें, अपने ☐ (*ii*) यह, इन ☐ (*iii*) कौन, किसे ☐

पत्र से आगे

- क्रांतिकारियों को सरकारी खज़ाना लूटने की आवश्यकता क्यों पड़ी होगी?
- यदि देश को स्वतंत्र कराने के लिए स्वतंत्रता सेनानियों ने अपने प्राणों की आहुति नहीं दी होती तो क्या देश स्वतंत्र हो पाता?

नन्हे हाथों से

- चित्र देखकर स्वतंत्रता आंदोलन से जुड़ी इस प्रसिद्ध घटना के विषय में लिखिए–

....

....

....

....

कुछ करने को

- 30 जनवरी को शहीद दिवस क्यों मनाया जाता है? जानकारी एकत्र कीजिए।
- स्वतंत्रता सेनानियों के चित्र एकत्र करके उनकी मुख्य बातों पर एक परियोजना तैयार कीजिए।

आप क्या करेंगे

- यदि किसी शहीद की पुण्य-तिथि पर कक्षा में कुछ समय के लिए मौन धारण करने को कहा जाए और आपका शरारती मित्र आपको हँसाने की कोशिश करे तो आप क्या करेंगे?
- यदि आपको किसी शहीद के समाधि-स्थल पर जाने का अवसर मिले तो वहाँ जाकर आप क्या करेंगे?

12 अनूठी पुस्तक

मेरे चाचा जी को अनोखी जानकारियाँ एकत्र करने का शौक है। वे अपनी डायरी में ज्ञानवर्धक आंकड़ों को लिखते रहते हैं। प्रस्तुत है उनकी डायरी के कुछ अंश–

गिनीज़ बुक अपने–आप में एक ऐसी अनूठी पुस्तक है जिसकी जितनी प्रशंसा की जाए, कम है। विश्व की सर्वाधिक बिकने वाली यह पुस्तक अपने–आप में एक रिकॉर्ड है। यह सौ से अधिक देशों और सैंतीस से अधिक भाषाओं में छपती है।

'गिनीज़ बुक' में अपना नाम दर्ज करवाने के लिए लोग लालायित रहते हैं। तभी तो इसमें सम्मिलित किए जाने के लिए प्रति वर्ष साठ हज़ार दावे प्रस्तुत किए जाते हैं, जिनमें से लगभग चार हज़ार रिकॉर्ड ही इस पुस्तक में शामिल किए जाते हैं।

इस अनूठी पुस्तक की शुरुआत भी अनोखी थी। गिनेस ब्रअरी के प्रबंधक सर ह्यु बीवर एक दिन अपने कुछ साथियों के साथ आयरलैंड में 'स्लोब हिल' पर शिकार करने के लिए गए। वे वहाँ बटान पक्षियों का शिकार कर रहे थे। पक्षियों की गति तेज़ होने के कारण निशाना नहीं लग पा रहा था। तभी उन लोगों में बहस छिड़ गई कि बटान पक्षी यूरोप के सबसे तीव्र गति से उड़ने वाले पक्षी हैं। कुछ ने इसके पक्ष में बोला तो कुछ ने विपक्ष में। पर किसी के पास भी अपनी बात को सिद्ध करने के लिए कोई प्रमाण नहीं था। तभी बीवर के मन में विचार आया कि क्यों न एक ऐसी पुस्तक तैयार की जाए जिसमें सभी सत्य घटनाओं का विवरण सिलसिलेवार दर्ज हो। इसी विचार को मन में लिए वे घर आ गए। घर आकर काफ़ी विचार–मंथन के बाद उन्होंने इस अनूठी पुस्तक के प्रकाशन की बात मन में ठान ली। 1954 में उन्होंने लंदन में एक कार्यालय खोला। एक वर्ष के अनथक परिश्रम के बाद उन्होंने

शिक्षण संकेत

- बच्चों को डायरी–लेखन की विधा से परिचित कराते हुए अपने मन की बात डायरी में लिखने को प्रेरित करें।
- विश्व रिकॉर्ड कैसे बनते और टूटते हैं, इसके बारे में जानकारी देते हुए गिनीज़ बुक में संकलित रिकॉर्डों के बारे में बताएँ।

27 अगस्त, 1955 को इस पुस्तक का पहला संस्करण छापा। इस पुस्तक की प्रामाणिकता इतनी सही होती है कि विश्व के सभी देश इस पर आँखें मूँदकर विश्वास करते हैं। इस पुस्तक में नाम दर्ज होना गौरव की बात मानी जाती है। परंतु इस अनूठी पुस्तक में स्थान पाना कोई आसान काम नहीं है। इसके लिए काफ़ी मेहनत करनी पड़ती है। इस पुस्तक में नाम दर्ज करवाने के लिए कुछ अंतर्राष्ट्रीय मापदंड हैं जिन पर खरा उतरना पड़ता है। यद्यपि यह बहुत कठिन कार्य है परंतु इस धरा पर ऐसे सूरमाओं की भी कमी नहीं जो सैकड़ों बार इसमें अपना नाम दर्ज करा चुके हैं।

ऐसे ही एक व्यक्ति हैं– न्यूयार्क के अश्रिता पारमन जिन्होंने इस पुस्तक में 109 स्थानों पर अपना नाम दर्ज कराया है, जो अपने-आप में एक रिकॉर्ड है।

इस अनूठी पुस्तक को कई खंडों में बाँटा गया है। एक खंड में निर्जीव वस्तुएँ– नदी, पहाड़, चट्टानें, झरने आदि आते हैं। दूसरा खंड सजीव वस्तुओं का है जिसमें– प्राणी जगत, पशु-पक्षी, उभयचर, रेंगनेवाले जीव, मछलियाँ, कीट, समुद्री जीव-जंतु, मूँगा आदि आते हैं। एक खंड में धर्म, शिक्षा, सुरक्षा आदि से संबंधित रिकॉर्ड सम्मिलित किए गए हैं। एक खंड परिवहन से जुड़े रिकॉर्डों से सुशोभित है तो दूसरा खंड पृथ्वी व अंतरिक्ष के सूचनांकों से भरा पड़ा है। इसके अतिरिक्त व्यापार जगत की उपलब्धियाँ, खेल-जगत से जुड़े रिकॉर्ड भी इस अनूठी पुस्तक के सागर में समाए हुए हैं। 1980 में इस पुस्तक का हिंदी संस्करण बाज़ार में आया जिसे पाठकों ने हाथों-हाथ लिया। 1955 से अब तक इस पुस्तक का प्रकाशन प्रतिवर्ष किया जा रहा है।

यह अनूठी पुस्तक अतुलनीय ज्ञान का भंडार है। इसमें प्रथम बार घटित होने वाली घटनाओं को अंकित किया जाता है। अपने अनूठे रिकॉर्डों के कारण यह पुस्तक सभी की प्रिय है। इस पुस्तक में कुछ रिकॉर्ड तो ऐसे हैं जो कल्पना से परे माने जाते हैं। परंतु इसमें सभी रिकॉर्ड पूरी प्रामाणिकता के साथ दर्ज किए जाते हैं। ऐसे अनूठे विचार को दुनिया के समक्ष लाने के लिए मैं इसके प्रबंधक व प्रकाशक को हृदय से धन्यवाद देता हूँ।

शब्दार्थ

अनूठी	–	अनोखी	लालायित	–	इच्छा रखने वाला ललचाया हुआ
सिलसिलेवार	–	क्रमवार	प्रामाणिक	–	प्रमाणों द्वारा सिद्ध
सूरमा	–	योद्धा, बहादुर	अतुलनीय	–	जिसकी तुलना न की जा सके

संकलनात्मक एवं रचनात्मक मूल्यांकन

मौखिक

1. **पढ़िए और बोलिए–**

सर्वाधिक   ब्यौरा   प्रामाणिकता   अंतर्राष्ट्रीय   सुशोभित

2. **सोचकर बताइए–**

(क) 'गिनीज़ बुक' को अनूठी पुस्तक क्यों कहा गया है?

(ख) बीवर के मन में 'गिनीज़ बुक' बनाने का विचार कब और क्यों आया?

लिखित

1. **नीचे दिए प्रश्नों के लघु उत्तर दीजिए–**

(क) यह किस बात से प्रमाणित होता है कि लोग गिनीज़ बुक में अपना नाम दर्ज कराने के लिए लालायित रहते हैं?

....

....

(ख) 'गिनीज़ बुक' का पहला संस्करण कब और कैसे छपा?

....

....

(ग) 'गिनीज़ बुक' में नाम दर्ज करवाना सरल क्यों नहीं है?

....

....

....

(घ) 'गिनीज़ बुक' को अतुलनीय ज्ञान का भंडार क्यों कहा जाता है?

....

....

....

2. **नीचे दिए प्रश्नों के दीर्घ उत्तर दीजिए–**

(क) 'गिनीज़ बुक' प्रमुख विशेषताएँ क्या हैं?

....

....

....

....

(ख) 'गिनीज़ बुक' में नाम दर्ज करवाना गौरव की बात क्यों माना जाता है?

....

....

....

....

(ग) 'गिनीज़ बुक' में कौन-कौन से रिकॉर्ड सम्मिलित किए जाते हैं?

....

....

....

....

3. **नीचे दिए वाक्यों में सही शब्द भरकर वाक्य पूरे कीजिए–**

(क) 'गिनीज़ बुक' सौ से अधिक देशों और सैंतीस से अधिक .... में छपती है।

(*i*) राज्यों ☐ (*ii*) मुद्राओं ☐ (*iii*) भाषाओं ☐

(ख) 'गिनीज़ बुक' में सत्य घटनाओं का विवरण .... दर्ज किया जाता है।

(*i*) सिलसिलेवार ☐ (*ii*) नाम के अनुसार ☐ (*iii*) देश के अनुसार ☐

(ग) 27 अगस्त, 1955 को 'गिनीज़ बुक' का .... संस्करण छपा था।

(*i*) दूसरा ☐ (*ii*) पहला ☐ (*iii*) तीसरा ☐

(घ) 'गिनीज़ बुक' में नाम दर्ज करवाने के लिए .... मापदंडों पर खरा उतरना पड़ता है।

(*i*) राष्ट्रीय ☐ (*ii*) प्रांतीय ☐ (*iii*) अंतर्राष्ट्रीय ☐

(ङ) 'गिनीज़ बुक' का हिंदी संस्करण .... पहली बार बाज़ार में आया।

(i) 1971 में (ii) 1976 में (iii) 1980 में

भाषा ज्ञान

अनेकार्थी शब्द– कुछ शब्द ऐसे होते हैं जो एक से अधिक अर्थ देते हैं; जैसे– आम बहुत मीठा है। (एक फल) यह आम रास्ता नहीं है। (सामान्य) आम नागरिक की कौन सुनता है? (मामूली)

1. नीचे दिए शब्दों से अलग-अलग वाक्य बनाइए जिनमें उनके अर्थ भिन्न हों–

लाल – (पुत्र) ....

लाल – (लाल रंग) ....

सोना – ....

सोना – ....

हार – ....

हार – ....

उत्तर – ....

उत्तर – ....

2. नीचे दिए वाक्यों में रेखांकित शब्दों के पर्यायवाची शब्द भरकर वाक्य पूरे कीजिए–

(क) मछली जल की रानी है, जीवन उसका .... है।

(ख) फूलों की सुगंध से चारों ओर .... फैली है।

(ग) ग्रीष्म ऋतु में सभी .... से बेहाल थे।

(घ) निशा, तुम कल .... को कहाँ गई थी?

(ङ) अतिथि आएँ तो .... नवाज़ी करनी ही पड़ती है।

3. नीचे दिए शब्दों में प्रत्यय लगाकर शब्द बनाइए–

संबंध + इत	=	....		इतिहास + इक	=	....
प्रकाश + इत	=	....		प्रमाण + इक	=	....
राष्ट्र + ईय	=	....		मर + इयल	=	....
भारत + ईय	=	....		सड़ + इयल	=	....

डायरी से आगे

- यदि बटान पक्षी को लेकर बीवर और उनके साथियों में बहस न छिड़ती तो क्या होता? क्या तब भी 'गिनीज़ बुक' जैसी पुस्तक विश्व के समक्ष आई होती?
- यदि लोगों को 'गिनीज़ बुक' की प्रामाणिकता पर संदेह होता तो क्या होता? क्या तब भी लोग इसी प्रकार इस पुस्तक में अपना नाम लिखवाने के लिए लालायित रहते?

नन्हे हाथों से

- **डायरी-लेखन एक विधा है। जिसके अंतर्गत दैनिक, साप्ताहिक, पाक्षिक अथवा मासिक घटनाओं का क्रमवार, तिथिवार विवरण लिखा जाता है। आप भी अपने जीवन की किसी महत्त्वपूर्ण घटना को लिखिए।**

कुछ करने को

- कुछ विशिष्ट पुस्तकों की सूची बनाइए और उनसे संबंधित प्रमुख जानकारियों को लिखिए।
- गिनीज़ बुक में नाम लिखवाने वाले कुछ प्रसिद्ध व्यक्तियों के चित्र स्क्रैप फाइल में लगाइए और उनकी उपलब्धियों के बारे में लिखिए।
- अध्यापक/अध्यापिका की सहायता से कक्षा को दो समूहों में विभाजित कीजिए। फिर 'कौन बनेगा करोड़पति' की तरह सामान्य ज्ञान के प्रश्न पूछिए। एक समूह प्रश्न पूछेगा, दूसरा समूह उसका उत्तर देगा। इसी प्रकार दूसरा समूह प्रश्न पूछेगा और पहला समूह उत्तर देगा। जो समूह अधिक प्रश्नों के उत्तर देगा, वही विजेता होगा।

आप क्या करेंगे

- आप औसत बुद्धि के विद्यार्थी हैं। जबकि आपका छोटा भाई/बहन विलक्षण बुद्धि का स्वामी है। ऐसे में यदि सब लोग आपके छोटे भाई/बहन की प्रशंसा करें और आपके साथ उपेक्षात्मक व्यवहार करें तो आप क्या करेंगे?
- आपका नाम होनहार विद्यार्थियों में गिना जाता है। इस कारण यदि मुख्य अध्यापिका वाद-विवाद प्रतियोगिता के लिए विद्यालय की ओर से आपका नाम भेज दें लेकिन आप प्रतियोगिता से संबंधित विषय के बारे में अधिक जानकारी नहीं रखते और आपको दो दिन बाद प्रतियोगिता में सम्मिलित होने के लिए कहा जाए तो आप क्या करेंगे?

13 एक मुलाकात

अरविंद – सबसे पहले आप हमें अपने बचपन की कोई अविस्मरणीय घटना सुनाइए।

डॉ॰ अब्दुल कलाम – मुझे याद है, जब मैं प्रारंभिक शिक्षा ग्रहण कर रहा था तो हमारे शिक्षक श्री शिवसुब्रह्मण्यम ने हमें बताया कि पक्षी कैसे उड़ते हैं? वे हमें रामेश्वरम के समुद्र तट पर ले गए। वहाँ बड़ी बारीकी से उन्होंने पक्षियों के उड़ने के बारे में बताया। उनके द्वारा दिए गए जीवंत उदाहरण से वह यादगार घटना मेरे मन-मस्तिष्क में हमेशा के लिए बैठ गई। उसी घटना से प्रेरित होकर मैंने विज्ञान को अपनी पढ़ाई का विषय बना लिया।

सरयू – पढ़ाई के लिए हमें कौन-सी भाषा को प्रमुखता देनी चाहिए?

डॉ॰ अब्दुल कलाम – स्कूल-कॉलेजों में माध्यम के रूप में मातृभाषा का चुनाव किया जा सकता है। चूँकि युवा अपनी मातृभाषा में ही सोचता है और उसी में अपनी बात सहजता से कहने में सक्षम होता है। पर इसमें कोई दो राय नहीं कि वैश्विक स्तर पर संपर्क के लिए हमें अंग्रेज़ी जैसी संपर्क भाषा की नितांत आवश्यकता है। मैंने स्वयं माध्यमिक शिक्षा तक की पढ़ाई अपनी मातृभाषा के माध्यम से पूरी की जबकि कॉलेज और उसके आगे की पढ़ाई अंग्रेज़ी माध्यम से की है।

शिक्षण संकेत

- बच्चों को पूर्व महामहिम डॉ॰ अब्दुल कलाम के जीवन से जुड़ी जानकारियाँ दें।
- साक्षात्कार कैसे लिया जाता है? यह बताने के लिए कक्षा में बच्चों से साक्षात्कार का आयोजन करवाएँ।

अर्श – आपकी तरह सफल बनने के लिए हमें क्या करना चाहिए?

डॉ॰ अब्दुल कलाम – युवा अवस्था में कदम रखते ही आपको अपने जीवन का लक्ष्य निर्धारित कर लेना चाहिए। हमेशा बड़ा ही सोचना चाहिए। जैसे ही आपको अपने लक्ष्य की अनुभूति हो, तभी से आपको उस दिशा में प्रयास और श्रम प्रारंभ कर देना चाहिए। जी-तोड़ मेहनत करके अपने मार्ग पर अग्रसर होना चाहिए। जैसे-जैसे आप आगे की ओर बढ़ेंगे, आपका सामना बाधाओं तथा कठिनाइयों से होगा। समस्याओं को पराजित करने के लिए आपको अपने अंदर दृढ़विश्वास पैदा करना होगा। यह भी ज़रूरी है कि आप निरंतर ज्ञान अर्जित करते रहें।

चिराग – भारत के समक्ष इस समय सबसे बड़ी चुनौती क्या है?

डॉ॰ अब्दुल कलाम – सन 2020 तक भारत को एक विकसित राष्ट्र के रूप में परिवर्तित करना है। देश के डेढ़ अरब से अधिक नागरिकों को समृद्ध बनाना है, उन्हें खुशहाल देखना है। यही राष्ट्र के समक्ष सबसे बड़ी चुनौती है।

तरुण – प्रवासी भारतीय अपनी मातृभूमि के प्रति श्रद्धा का भाव कैसे उजागर करें?

डॉ॰ अब्दुल कलाम – भारतीय मूल का कोई भी व्यक्ति एक वृहद् भारतीय परिवार का अंग है। उसे भारतीय सांस्कृतिक विरासत पर गर्व होना चाहिए। अपनी मातृभूमि से किसी-न-किसी रूप में जुड़े रहना ही उसके प्रति श्रद्धा की भावना को उजागर करता है।

निशि – यदि सभी बच्चे वैज्ञानिक, इंजीनियर, डॉक्टर आदि बनना चाहें तो क्या यह उचित होगा? क्या देश में किसान, मज़दूर या अन्य क्षेत्रों से जुड़े लोगों की आवश्यकता नहीं होगी?

डॉ॰ अब्दुल कलाम – किसान, मज़दूर, दस्तकार आदि सभी हमारे राष्ट्र के अभिन्न अंग हैं। राष्ट्र के निर्माण में इनकी सेवाओं को नज़र-अंदाज़ नहीं किया जा सकता। इन क्षेत्रों से जुड़े लोगों को चाहिए कि वे अपने-अपने क्षेत्र में नई तकनीक को बढ़ावा दें। अपने बच्चों में इन क्षेत्रों के प्रति रुचि पैदा करें और उनकी उन्नति का मार्ग प्रशस्त करें।

रोहित – क्या निरंतर बढ़ती जनसंख्या और बेरोजगारी भारत को 2020 तक एक विकसित राष्ट्र बनने देगी?

डॉ॰ अब्दुल कलाम – विकास स्वयं जनसंख्या वृद्धि को रोकने में अचूक औषधि का काम

करेगा। जन शिक्षा विशेषकर स्त्री शिक्षा से छोटा परिवार-सुखी परिवार की मान्यता को बल मिलता है। भारत–2020 का मिशन यहाँ के युवाओं को रोज़गार के पर्याप्त अवसर सुलभ कराएगा। ग्रामीण क्षेत्रों में स्वरोजगार के अवसर पैदा किए जाएँगे। बड़ी संख्या में उद्योग-धंधे स्थापित कर ग्रामीण क्षेत्रों में रोजगार के प्रचुर अवसर उपलब्ध कराए जाएँगे।

कार्तिक – आर्थिक विपन्नता के चलते निर्धन छात्र अपना लक्ष्य कैसे प्राप्त करें?

डॉ॰ अब्दुल कलाम – इस समस्या का एक सरल उपाय है– छात्रवृत्ति। विद्यालय में पढ़ाई में अच्छा प्रदर्शन करने पर छात्रवृत्ति मिल सकती है। उच्च शिक्षा के लिए बैंकों से ऋण लिया जा सकता है। ऊँचा लक्ष्य निर्धारित करने में बाधाएँ तो आती ही हैं परंतु कठोर परिश्रम और सूझबूझ से इन्हें पराजित किया जा सकता है।

सोनू – भारत को विकसित राष्ट्र बनाने में राजनीतिज्ञ क्या भूमिका निभा सकते हैं?

डॉ॰ अब्दुल कलाम – जिम्मेदार राजनीतिज्ञ दूरदर्शितापूर्ण नीतियाँ बनाकर राष्ट्र के निर्माण में अभूतपूर्व योगदान दे सकते हैं। जिस प्रकार महात्मा गांधी ने राजनीति के क्षेत्र में सत्य, अहिंसा और नि:स्वार्थ भावना को आगे रखकर देश को आज़ादी दिलाई, वर्तमान राजनीतिज्ञ भी अपने परिश्रम, उत्कृष्ट एवं पारदर्शितापूर्ण कार्य करके देश की जनता का मार्गदर्शन कर सकते हैं। देश में गरीबी रेखा से नीचे रह रहे लोगों के उत्थान के लिए कार्य करके, उन्हें मुख्य धारा में ला सकते हैं। जब कोई व्यक्ति आर्थिक रूप से त्रस्त नहीं होगा तभी तो वह देश के हित में सोच सकेगा।

नंदिता – रक्षा की दृष्टि से 2020 में सेना में महिलाओं की क्या भूमिका होगी?

डॉ॰ अब्दुल कलाम – इसमें कोई संदेह नहीं कि किसी भी राष्ट्र की सुरक्षा एक महत्त्वपूर्ण मुद्दा होता है। भारत में भी रक्षा अनुप्रयोग के क्षेत्र की महत्त्वपूर्ण प्रौद्योगिकी के विकास पर विचार किया गया है। भारत में सशस्त्र सेनाओं में नियुक्ति के लिए लिंग के आधार पर कोई भेदभाव नहीं किया जाता। तीनों सेनाओं में पर्याप्त महिला अधिकारी नियुक्त हैं। राष्ट्रीय रक्षा क्षमताओं में वृद्धि के लिए महिलाएँ उच्च स्तरीय सामरिक सेना बहुगुणक उपकरणों पर कार्य करके भी अपना सहयोग दे सकती हैं।

शब्दार्थ

मस्तिष्क	–	दिमाग	सहजता	–	सरलता
सक्षम	–	योग्य, समर्थ	नितांत	–	बहुत अधिक, अत्यंत
अग्रसर	–	आगे की ओर बढ़ना	निरंतर	–	लगातार
सुलभ	–	आसानी से प्राप्त होने वाला	प्रचुर	–	पर्याप्त

संकलनात्मक एवं रचनात्मक मूल्यांकन

मौखिक

1. **पढ़िए और बोलिए–**

प्रारंभिक मस्तिष्क समृद्ध सांस्कृतिक छात्रवृत्ति

2. **सोचकर बताइए–**

(क) अंग्रेज़ी भाषा जानना क्यों आवश्यक है?

(ख) देश के निर्माण में किसान, मज़दूर एवं दस्तकारों का क्या योगदान है?

(ग) बढ़ती जनसंख्या और बेरोज़गारी देश के विकास को कैसे अवरुद्ध करती हैं?

लिखित

1. **नीचे दिए प्रश्नों के लघु उत्तर दीजिए–**

(क) डॉ॰ अब्दुल कलाम को विज्ञान की पढ़ाई करने की प्रेरणा किस घटना द्वारा मिली?

....

....

(ख) सफलता की प्राप्ति के लिए क्या आवश्यक है?

....

....

(ग) निर्धन छात्र अपना लक्ष्य कैसे प्राप्त कर सकते हैं?

....

....

(घ) वर्तमान समय में भारत के समक्ष सबसे बड़ी चुनौती क्या है?

....

....

2. **नीचे दिए प्रश्नों के दीर्घ उत्तर दीजिए–**

(क) बढ़ती जनसंख्या और बेरोजगारी पर किस प्रकार नियंत्रण किया जा सकता है?

....

....

....

....

(ख) देश के विकास में एक राजनीतिज्ञ क्या सहयोग कर सकता है?

....

....

....

....

(ग) भारतीय सेना में महिलाओं की भूमिका का वर्णन कीजिए।

....

....

....

....

3. **नीचे दिए प्रश्नों के उपयुक्त उत्तर पर (✓) का चिह्न लगाइए–**

(क) डॉ॰ अब्दुल कलाम की प्रारंभिक शिक्षा किस भाषा में हुई?

(*i*) हिंदी भाषा में ☐ (*ii*) अंग्रेज़ी भाषा में ☐ (*iii*) मातृभाषा में ☐

(ख) जीवन का लक्ष्य कब निर्धारित करना चाहिए?

(*i*) वृद्धावस्था में ☐ (*ii*) युवावस्था में ☐ (*iii*) बाल्यावस्था में ☐

(ग) समस्याओं से छुटकारा पाने के लिए क्या आवश्यक है?

(*i*) दृढ़विश्वास पैदा करना ☐ (*ii*) निरंतर ज्ञान अर्जित करना ☐

(*iii*) दोनों ☐

(घ) भारत–2020 के मिशन में ग्रामीण क्षेत्रों के लिए कौन–सी योजना तैयार की गई है?

(*i*) ग्रामीण क्षेत्रों से युवकों को विस्थापित करना।

(*ii*) ग्रामीण क्षेत्रों में रोजगार के अवसर उपलब्ध कराना।

(*iii*) ग्रामीण लोगों को सरकारी नौकरियों में आरक्षण देना।

(ङ) पढ़ाई में अच्छा प्रदर्शन करने पर निर्धन छात्र को क्या दी जाती है?

(*i*) पुस्तकें (*ii*) वर्दी (*iii*) छात्रवृत्ति

(च) उच्च शिक्षा के लिए बैंकों से क्या लिया जा सकता है?

(*i*) ऋण (*ii*) उपहार (*iii*) छात्रवृत्ति

(छ) भारतीय सेना में महिलाओं की नियुक्ति किस आधार पर की जाती है?

(*i*) पुरुषों को प्राथमिकता देकर (*ii*) बिना किसी भेदभाव के

(*iii*) दयाभाव के आधार पर

निपात– वे शब्द जो किसी पद या शब्द के बाद लगकर उसके अर्थ में विशेष बल ला देते हैं, निपात कहलाते हैं; जैसे– भी, ही, तो, पात्र आदि।

(क) आखिर तुम आ ही गए। (निश्चय को सूचित करने में)

(ख) मैं तो जाऊँगा ही। (सामान्य भविष्यत काल में)

(ग) तुम शायद ही यह काम कर पाओ। (नकारात्मक अर्थ में)

भाषा ज्ञान

1. निपात का प्रयोग करके पाँच वाक्य लिखिए–

....

....

....

....

....

2. वाक्यांशों के लिए एक शब्द लिखिए–

भारत में रहने वाले – ....

राष्ट्र से संबंधित – ....

विदेशों से संबंधित – ....

माँ की भाषा से संबंधित – ....

राजनीति करने वाला – ....

दूर की सोच रखने वाला – ....

जिसके आर-पार देखा जा सके – ....

3. नीचे दिए शब्दों के विलोम शब्द लिखिए–

जीवित –	आवश्यकता – ....
विकसित –	उन्नति – ....
सत्य –	हिंसा – ....
उत्थान –	स्वार्थ – ....

4. वाक्यों को शुद्ध करके लिखिए–

(क) बच्चे को काटकर आम खिलाओ।

....

(ख) कृपया मेरे घर आने की कृपा करें।

....

(ग) उसके पखेरू-प्राण उड़ गया।

....

(घ) तोता छत में बैठा था।

....

(ङ) आकाश पर पक्षियों का झुंड घूम रहा है।

....

साक्षात्कार से आगे

- यदि आप भी प्रश्नकर्ता होते तो क्या-क्या प्रश्न पूछते? कोई पाँच प्रश्न अपनी कॉपी में लिखिए।
- अनुमान लगाइए कि सन 2020 में भारत एवं विश्व में क्या-क्या परिवर्तन देखने को मिलेंगे?

नन्हे हाथों से

- **किसी देश के विकास में परमाणु ऊर्जा का क्या योगदान होता है? सभी पहलुओं पर विचार करते हुए एक अनुच्छेद लिखिए–**

....

....

....

....

....

....

....

....

कुछ करने को

- भारत में परमाणु ऊर्जा के विकास में 'मिसाइल मैन कलाम' की क्या भूमिका रही है? पता लगाइए और एक परियोजना तैयार कीजिए।
- भारत की मिसाइल वुमैन किसे कहा जाता है? उसके बारे में पता लगाइए।
- डॉ॰ अब्दुल कलाम द्वारा लिखी गई पुस्तकों के बारे में जानकारी एकत्र कीजिए।
- भारत के अंतरिक्ष से जुड़े कार्यक्रमों की सूची बनाइए।

आप क्या करेंगे

- यदि आप अपने विद्यालय की खेल की टीम के सदस्य हों और दूसरे विद्यालय की टीम का कोई सदस्य लालच देकर या धमकाकर आपसे टीम की गोपनीय जानकारी प्राप्त करना चाहे तो आप क्या करेंगे?
- यदि आपको कक्षानायक (मॉनिटर) बना दिया जाए और अध्यापक की अनुपस्थिति में आपके मित्र और आपके विरोधी में किसी बात पर झगड़ा हो जाए और आप जानते हैं कि गलती आपके मित्र की है तो आप क्या करेंगे?

मिसाइल मैन एंड वुमैन

केवल पढ़ने के लिए

भारत के पूर्व राष्ट्रपति डॉ॰ अब्दुल कलाम का पूरा नाम डॉ॰ अबुल पाकिर ज़ैनुलाबदीन अब्दुल कलाम है। इनका जन्म रामेश्वरम के एक मछुआरे के घर हुआ था। उस समय रामेश्वरम में कोई विद्यालय नहीं था इसलिए पढ़ने के लिए इन्हें रामनाथपुरम जाना पड़ता था। इनकी प्रारंभिक शिक्षा तमिल भाषा में हुई। इन्होंने मद्रास इंस्टीट्यूट ऑफ टेक्नॉलोजी के वैमानिक अभियांत्रिकी विभाग से डिग्री हासिल की।

इसके बाद देश की रक्षा प्रणाली को मज़बूत करने में इन्होंने दिन-रात एक कर दिया। स्वदेशी मिसाइलें बनाने की रूपरेखा तैयार की। एस.एल.वी.-3 रॉकेट के विकास में योगदान दिया। दिग्दर्शित मिसाइलों और अत्याधुनिक हथियारों के क्षेत्र में भारत को स्वावलंबी बनाया। अग्नि, पृथ्वी, आकाश, त्रिशूल और नाग मिसाइलों का सफल परीक्षण किया। इन्हीं की कर्मठता का परिणाम है कि आज भारत रक्षा-क्षेत्र में अमेरिका, रूस, चीन, फ्रांस व ब्रिटेन के समान एक मज़बूत देश बन गया है। अर्जुन नामक युद्ध टैंक, कावेरी सैनिक विमान तथा इलेक्ट्रॉनिक युद्ध प्रणालियों से संबंधित कई डिज़ाइन इन्हीं के नेतृत्व में विकसित किए गए हैं।

भारत को परमाणु संपन्न बनाने का श्रेय भी डॉ॰ अब्दुल कलाम को जाता है। वर्ष 1998 में 11 और 13 मई को भारत ने राजस्थान के पोखरन में सफलतापूर्वक पाँच परमाणु परीक्षण किए। जिसमें अब्दुल कलाम की अहम भूमिका रही। इन सफल परीक्षणों के बाद विश्व में भारत को एक सुदृढ़, सक्षम एवं संपन्न राष्ट्र का दर्जा मिला। भारत ने विश्व को बता दिया कि भारत परमाणु बम ही नहीं बल्कि हाइड्रोजन बम बनाने की भी क्षमता रखता है।

डॉ॰ अब्दुल कलाम को उनकी कर्मठता के लिए 1981 में पद्मभूषण, 1990 में पद्मविभूषण और 1997 में भारत-रत्न से सम्मानित किया गया। डॉ॰ अब्दुल कलाम ने भारत के सर्वोच्च पद पर राष्ट्रपति के रूप में भी पाँच वर्ष तक अपनी सेवाएँ देकर इस पद को सुशोभित किया।

डॉ॰ अब्दुल कलाम मिसाइल मैन कहे जाते हैं तो टैसी थॉमस भारत की मिसाइल वुमैन के नाम से जानी जाती हैं। टैसी थॉमस भारत के वैज्ञानिक मिसाइल प्रौद्योगिकी के शीर्ष पद पर कार्यरत हैं। डॉ॰ टैसी थॉमस को अग्नि मिसाइल शृंखला की परियोजना का प्रमुख बनाया गया। बैलेस्टिक मिसाइल अग्नि-3 को तैयार करने के कारण इन्हें अग्नि पुत्री भी कहा जाता है। केरल में अलेप्पी की रहने वाली टैसी थॉमस ने गाइडेड मिसाइल में एम.टेक. किया। इसके बाद इन्होंने डॉ॰ अब्दुल कलाम की निगरानी में अनुसंधान कार्य शुरू किया।

क्या आप जानते हैं?

(क) 'उर्वशी' किसकी प्रसिद्ध कृति है?

(i) अमृता प्रीतम ☐ (ii) रामधारी सिंह दिनकर ☐

(iii) महादेवी वर्मा ☐ (iv) मुंशी प्रेमचंद ☐

(ख) प्रसिद्ध कोणार्क सूर्य मंदिर कहाँ स्थित है?

(i) महाराष्ट्र ☐ (ii) आंध्र प्रदेश ☐

(iii) उड़ीसा ☐ (iv) मध्य प्रदेश ☐

(ग) खजूराहो के प्रसिद्ध मंदिर कहाँ स्थित हैं?

(i) हरियाणा ☐ (ii) राजस्थान ☐

(iii) उत्तर प्रदेश ☐ (iv) मध्य प्रदेश ☐

(घ) 'सुंदरवन नेशनल पार्क' कहाँ स्थित है?

(i) पश्चिम बंगाल ☐ (ii) केरल ☐

(iii) तमिलनाडु ☐ (iv) जम्मू-कश्मीर ☐

(ङ) दिल्ली में स्थित 'पुराना किला' किसने बनवाया था?

(i) जहाँगीर ☐ (ii) अकबर ☐

(iii) शेरशाह सूरी ☐ (iv) बाबर ☐

(च) 'ताजमहल' का निर्माण किसने करवाया था?

(i) जहाँगीर ☐ (ii) मुमताज ☐

(iii) अकबर ☐ (iv) शाहजहाँ ☐

(छ) मीनाक्षी मंदिर कहाँ स्थित है?

(i) मदुरैई ☐ (ii) चेन्नई ☐

(iii) भीलवाड़ा ☐ (iv) मनाली ☐

(ज) गायत्री मंत्र कहाँ से लिया गया है?

(i) अथर्ववेद ☐ (ii) ऋग्वेद ☐

(iii) यजुर्वेद ☐ (iv) सामवेद ☐

(झ) शरीर की सबसे बड़ी हड्डी कौन-सी है?

(*i*) फीमर | (*ii*) ह्यूमरस

(*iii*) पटेला | (*iv*) कार्पल्स

(ञ) पृथ्वी का सबसे भारी और बड़ा जानवर कौन है?

(*i*) गेंडा | (*ii*) ह्वेल मछली

(*iii*) शार्क मछली | (*iv*) हाथी

(ट) सबसे बड़ा पक्षी कौन-सा है?

(*i*) हंस | (*ii*) गरुड़

(*iii*) शुतुरमुर्ग | (*iv*) चील

(ठ) सबसे तेज दौड़ने वाला जीव कौन-सा है?

(*i*) जिराफ | (*ii*) खरगोश

(*iii*) बाघ | (*iv*) चीता

(ड) मनुष्य की आँखों में किसी वस्तु का प्रतिबिंब किस भाग पर बनता है?

(*i*) रेटिना | (*ii*) कार्निया

(*iii*) मैक्युला | (*iv*) लैंस

(ढ) किस स्थान पर दिन और रात बराबर होते हैं?

(*i*) ग्रीनलैंड पर | (*ii*) विषुवत रेखा पर

(*iii*) मकर रेखा पर | (*iv*) हिंद महासागर पर

(ण) सूर्य का आकार पृथ्वी से कितना बड़ा है?

(*i*) सौ गुना | (*ii*) दो गुना

(*iii*) एक सौ नौ गुना | (*iv*) हजार गुना

(त) 2016 में ओलंपिक खेल कहाँ आयोजित किए जाएँगे?

(*i*) जर्मनी | (*ii*) लंदन

(*iii*) जापान | (*iv*) ब्राजील

14 द्वीप की खोज

भारतीय समुद्र में पाँच सौ से अधिक द्वीप हैं। इनमें रहने वाले आदिवासियों की जीवन-शैली पाषाण युग के मनुष्यों की तरह है। थोड़ी-थोड़ी दूरी पर छोटे-छोटे द्वीप और उनमें रहने वाले मुट्ठीभर लोग। ये लोग दुनिया से एकदम कटकर रहते हैं। इन्होंने अन्य द्वीपों के बारे में जानकारी कैसे हासिल की? आपसी संबंधों का विकास किस प्रकार हुआ? इस संबंध में एक रोमांचक कथा है–

चावरा द्वीप अंडमान-निकोबार द्वीप समूह का एक छोटा किंतु अत्यंत सुंदर द्वीप है और कारनिकोबार इस द्वीप समूह का सर्वाधिक महत्त्वपूर्ण द्वीप है। कारनिकोबार के वासियों ने चावरा द्वीप की खोज बड़े रोमांचक तरीके से की थी।

कारनिकोबारी आदिवासियों के मन में यह विचार आया कि अन्य द्वीपों की खोज करनी चाहिए। संभव है, कुछ और लोग कहीं बसते हों। अगर यह सच हुआ तो हम कुछ और लोगों को जान सकेंगे। मनुष्य का स्वभाव नई-नई चीज़ों को खोजने और जानने का रहा है। इस गुण के कारण ही खोजों का सिलसिला शुरू हुआ। समुद्र में यात्रा कैसे की जाए? यह एक बड़ी समस्या थी। तब तक इन आदिवासियों को नाव बनाने का ज्ञान नहीं था। जब यह निश्चित हो गया कि खोज पर निकलना ही है, तब इन्होंने यात्रा से जुड़े अन्य पहलुओं पर सोचना आरंभ किया। कई दिमाग सक्रिय हो उठे।

शिक्षण संकेत

- बच्चों को आदिवासियों के रहन-सहन व क्रियाकलापों के बारे में बताएँ।
- बच्चों को अपने क्षेत्र से संबंधित कोई लोककथा सुनाने के लिए कहें।
- मनुष्य की खोजी प्रवृत्ति के बारे में जानकारी देते हुए बताएँ कि भारत की खोज किस प्रकार हुई?

निकोबारियों पर एक ही धुन सवार रहने लगी कि नए द्वीपों की खोज करनी है इसलिए अनेक प्रकार के प्रयोग किए जाने लगे।

उसी दौरान कुछ लोगों के दिमाग में आया कि जब लकड़ी पानी में गिर जाती है तो वह तैरती रहती है। उन्होंने प्रयोग हेतु नारियल का एक पेड़ उखाड़ा। उसे छीलना आरंभ किया। उसे तरह-तरह से काटा। उसका आकार छोटा किया। गोलाई कम की। फिर उसे पानी में तैराकर देखा इससे उन्हें संतुलन की कला समझ में आई। इसी प्रकार प्रयोग करते-करते आखिर उन्होंने एक छोटी-सी नाव बना ली। नाव को नाम दिया गया– 'केनो'। उसे समुद्र में तैराकर देखा गया। जब वह समुद्र में नहीं डूबी तो वे बहुत प्रसन्न हुए। यह उनके जीवन की पहली बड़ी उपलब्धि थी। इसके बाद कारनिकोबारियों ने आपस में विचार-विमर्शकर आगे की योजना बनाई। केनो में याम (जमीकंद) और कुछ अन्य फल भरकर समुद्र में छोड़ दिया गया। उन्होंने सोचा कि तैरते हुए यह किसी किनारे पर अवश्य लगेगी। इस विश्वास के पीछे भी एक कारण था। उन्होंने ऐसी कई वस्तुओं को अपने समुद्रीतट पर पहुँचते देखा था जो उनके लिए अनजानी थीं।

उन्हें आशा थी कि केनो किसी-न-किसी द्वीप के तट पर ज़रूर पहुँचेगी। यदि उस द्वीप पर मानव जाति हुई तो केनो में रखी वस्तुओं को देखकर उन्हें यह अनुमान हो जाएगा कि यह नाव कहीं से भेजी गई है। यद्यपि कई कारनिकोबारी इस योजना के प्रति सशंकित थे किंतु एक बार कोशिश करने में उन्हें भी कोई आपत्ति नहीं हुई। इस प्रकार केनो को उपहारों से भरकर समुद्र में छोड़ दिया गया।

समुद्र में कई दिनों तक लहरों से जूझती हुई केनो निकट के एक द्वीप चावरा के तट पर जा लगी। चावरा द्वीप के निवासियों ने इस अद्भुत वस्तु (केनो नाव) को देखा और देखते-ही-देखते यह समाचार सभी तक जा पहुँचा। फिर क्या था, इसे देखने के लिए सभी एकत्रित हो गए। चावरा द्वीप के वृद्ध सचमुच उसी परिणाम पर पहुँचे, जिसकी कल्पना कारनिकोबारियों ने की थी। चावरा के वृद्ध लोगों ने निष्कर्ष निकाला कि आस-पास ही कहीं कोई द्वीप या देश है जहाँ से यह अद्भुत वस्तु आई है। उन्होंने याम और फलों को उतारा और परीक्षण के रूप में चखकर देखा। जब पूरी तरह आश्वस्त हो गए कि वे हानिकारक नहीं हैं तो उपहार-सामग्री सब लोगों में वितरित कर दी गई। फिर चावरा के लोगों में भी उतनी ही उत्सुकता पैदा हो गई। वे भी उन अनाम लोगों के बारे में जानना चाहते थे, जिन्होंने नाव का निर्माण कर सामग्री भेजी थी। चावरावासियों के बीच यह तय हुआ कि सबसे पहले नाव को देखकर, उसे बनाने की कला समझी जाए। सो उन्होंने उसे उलट-पलटकर और पानी में तैराकर देखा। तरकीब उनकी समझ में आ गई।

उन्होंने नाव में मिट्टी के छोटे-छोटे बरतन (जिसके लिए उनका नाम आज भी जाना जाता है।) रख दिए। इसके अतिरिक्त बनूई लोई (नारियल से बना खाद्य पदार्थ) भी बाँधकर रख दिया। फिर नाव को उसी दिशा में भेज दिया, जिधर से वह उनके तट पर आकर लगी थी।

लगभग पंद्रह दिन बाद नाव कारनिकोबार के दूसरे तट पर आ लगी। जैसे ही कारनिकोबारियों की दृष्टि उस पर पड़ी, वे खुशी से झूम उठे। देखते-ही-देखते सभी लोग तट पर एकत्र हो गए। उनकी खुशी का कोई ठिकाना न रहा। कौतूहल और आनंद से उन्होंने नाव से सामान उतारा। वे छोटे-छोटे बरतनों और उनके आकार-प्रकार को देखकर विस्मित थे। उन्होंने बरतनों को लेकर तरह-तरह के प्रयोग किए। किसी ने उनमें पानी भरकर देखा तो किसी ने उन्हें आग पर रखकर देखा। जब बरतन न तो टूटे और न ही चिटके तो उन्हें बरतनों का उपयोग और महत्त्व समझ में आ गया। केनो के लौट आने पर उनकी यह धारणा विश्वास में बदल गई कि आस-पास कोई अन्य द्वीप है, जहाँ मनुष्य रहते हैं। फिर क्या था? कारनिकोबारियों ने निश्चय किया कि अब उन लोगों तक पहुँचना ही होगा।

अब उन्होंने एक बड़ी नाव का निर्माण करना शुरू किया। नाव बन जाने पर उसके संतुलन और भारवहन क्षमता को जाँचना शुरू किया। उसमें बैठकर उसे चलाने का प्रयास किया गया। जब चलाने में सफलता नहीं मिल सकी तो हाथ में लकड़ियाँ लेकर नाव खेने का प्रयास किया गया। गति का कुछ अभ्यास हुआ तो लकड़ियों को काटकर चप्पू के आकार में तब्दील कर दिया गया। अब नाव पूरी तरह तैयार थी। बस फिर क्या था? नाव में खाने का सामान, पीने के लिए पानी और कुछ फल आदि रखे गए। आठ-दस लोग अनजाने द्वीप की खोज में निकल पड़े।

उनके मन में हर पल भय, कौतूहल और आनंद की तरंगें हिलोरे ले रही थीं। साथ ही उनके आत्मविश्वास ने शरीर में एक नई ऊर्जा-सी उत्पन्न कर दी थी। वे तेज़ गति से

बढ़ रहे थे। यात्रा पर निकले कई दिन हो चुके थे। अभी और कितनी यात्रा शेष है, किसी को कोई अनुमान नहीं था इसलिए उन्होंने नाव को धीमी गति से खेने का निश्चय किया। उन्हें भय था कि कहीं रास्ते में ही नाव खेने की शक्ति और क्षमता समाप्त न हो जाए। अचानक उन्हें एक द्वीप दिखाई दिया। वे खुशी से उछल पड़े। उन्होंने पूरी शक्ति से केनो को खेना शुरू कर दिया और अंततः चावरा के तट पर जा पहुँचे।

चावरावासी दौड़कर उनकी ओर आए और खुशी से तालियाँ बजाकर, नाचते हुए उनका स्वागत किया। कारनिकोबारी उन्हें देखकर क्षणभर को आश्चर्यचकित हुए मगर उसके बाद तो जैसे उनकी भी खुशी का कोई ठिकाना न रहा। उन्होंने पाया कि चावरा के लोगों का रंग-रूप और आचार-व्यवहार ठीक उन्हीं की तरह है। भाषा में थोड़ा परिवर्तन ज़रूर लगा, फिर भी वे बहुत आनंदित हुए।

कुछ दिन चावरा द्वीप में ही बिताने के बाद कारनिकोबारियों ने वापस लौटने की इच्छा प्रकट की। चावरावासियों ने उन्हें मिट्टी के बड़े-बड़े बरतन उपहार में देकर विदा किया। उस दिन से आज तक दोनों द्वीपवासियों के बीच आत्मीय संबंध बने हुए हैं।

–लीलाधर मंडलोई

लोककथाकार परिचय: लीलाधर मंडलोई का जन्म 1954 में जन्माष्टमी के दिन छिंदवाड़ा के छोटे-से गाँव गुड़ी में हुआ था। इनकी रुचि देशभ्रमण में रही है। इन्होंने आदिवासी जन-जीवन और रीतिरिवाज़ों पर बहुत कुछ लिखा है। मूलतः ये कवि हैं। लेखन के लिए देश-विदेशों में पुरस्कृत भी किए गए हैं। इनकी प्रमुख कृतियाँ हैं–: घर-घर घूमा, रात-बिरात, देखा-अनदेखा और काला पानी।

शब्दार्थ

पाषाण	पत्थर	सर्वाधिक	सबसे अधिक
सक्रिय	कार्य में लगे होना	उपलब्धि	प्राप्ति, सफलता
सशंकित	संदेह से भरे हुए	उपहार	तोहफ़ा
आश्वस्त	निश्चिंत	तरकीब	योजना
कौतूहल	उत्सुकता	विस्मित	आश्चर्यचकित
भारवहन क्षमता	भार ढोने की क्षमता	तब्दील	बदलना

इन्हें ऐसे भी लिख सकते हैं–

द्वीप – द्वीप अद्भुत – अद्भुत मिट्टी – मिट्टी

संकलनात्मक एवं रचनात्मक मूल्यांकन

मौखिक

1. **पढ़िए और बोलिए–**

कारनिकोबार विचार-विमर्श मझधार आत्मविश्वास कौतूहल

2. **सोचकर बताइए–**

(क) आदिवासियों के जीवन की पहली बड़ी उपलब्धि क्या थी?

(ख) चावरावासियों ने जब केनो को देखा तो क्या किया?

(ग) चावरावासियों और कारनिकोबारवासियों में क्या-क्या समानताएँ और भिन्नताएँ थीं?

लिखित

1. **नीचे दिए प्रश्नों के उत्तर शब्दों में दीजिए–**

(क) आदिवासियों की जीवन-शैली किसके समान थी? ....

(ख) मनुष्य का स्वभाव कैसा रहा है? ....

(ग) आदिवासियों द्वारा तैयार की गई नाव को क्या नाम दिया गया? ....

(घ) सर्वप्रथम केनो में क्या रखकर समुद्र में छोड़ा गया? ....

(ङ) कारनिकोबारियों द्वारा समुद्र में छोड़ी गई केनो नाव कौन-से द्वीप के तट पर पहुँची? ....

2. नीचे दिए प्रश्नों के लघु उत्तर दीजिए–

(क) कारनिकोबारियों के मन में अन्य द्वीपों को खोजने का विचार क्यों आया?

....

....

(ख) क्या देखकर कारनिकोबारियों ने नाव बनाने की सोची?

....

....

(ग) चावरा द्वीपवासियों ने केनो का क्या किया?

....

....

(घ) केनो के वापस आने पर कारनिकोबारियों ने क्या किया?

....

....

3. नीचे दिए प्रश्नों के दीर्घ उत्तर दीजिए–

(क) कारनिकोबारियों ने नाव का निर्माण कैसे किया? विस्तार से लिखिए।

....

....

....

....

(ख) चावरावासियों ने कारनिकोबारियों को देखकर अपनी खुशी कैसे व्यक्त की? वर्णन कीजिए।

....

....

....

....

4. नीचे दिए गद्यांश को पढ़कर प्रश्नों के उपयुक्त उत्तर पर (✓) का चिह्न लगाइए–

समुद्र में कई दिनों तक लहरों से जूझती हुई केनो निकट के एक द्वीप चावरा के तट पर जा लगी। चावरा द्वीप के निवासियों ने इस अद्भुत वस्तु (केनो नाव) को देखा और देखते-ही-देखते यह समाचार सभी तक जा पहुँचा। फिर क्या था, इसे देखने के लिए सभी एकत्रित हो गए। चावरा द्वीप के वृद्ध सचमुच उसी परिणाम पर पहुँचे, जिसकी कल्पना कारनिकोबारियों ने की थी। चावरा के वृद्ध लोगों ने निष्कर्ष निकाला कि आस-पास ही कहीं कोई द्वीप या देश है जहाँ से यह अद्भुत वस्तु आई है। उन्होंने याम और फलों को उतारा और परीक्षण के रूप में चखकर देखा। जब पूरी तरह आश्वस्त हो गए कि वे हानिकारक नहीं हैं तो उपहार-सामग्री सब लोगों में वितरित कर दी गई।

(क) लहरों से जूझती हुई केनो कौन-से द्वीप के तट पर पहुँची?

(*i*) चारवा ☐ (*ii*) चावरा ☐ (*iii*) चवारा ☐

(ख) नाव में क्या था?

(*i*) फूल और फल ☐ (*ii*) केनो और याम ☐ (*iii*) याम और फल ☐

(ग) केनो को देखकर चावरा के वृद्धों ने क्या निष्कर्ष निकाला?

(*i*) आस-पास ही कहीं कोई द्वीप है। ☐

(*ii*) किसी शत्रु ने हमें चेतावनी के रूप में यह सामान भेजा है। ☐

(*iii*) भगवान ने उपहार भेजा है। ☐

(घ) चावरावासियों ने याम और फलों को चखकर क्यों देखा?

(*i*) वे उनका स्वाद जानना चाहते थे। ☐

(*ii*) वे बहुत भूखे थे। ☐

(*iii*) वे आश्वस्त होना चाहते थे कि कहीं ये हानिकारक तो नहीं हैं। ☐

(ङ) चावरावासियों ने नाव में रखी हुई सामग्री का क्या किया?

(*i*) समुद्र में फेंक दी। ☐

(*ii*) सब लोगों में वितरित कर दी। ☐

(*iii*) नाव सामग्री सहित वापस भेज दी। ☐

भाषा ज्ञान

संज्ञा तीन प्रकार की होती है–

व्यक्तिवाचक संज्ञा– किसी विशेष व्यक्ति, वस्तु या स्थान के नाम का बोध कराने वाली संज्ञा; जैसे– राम, ताजमहल, गंगा आदि।

जातिवाचक संज्ञा – किसी प्राणी, वस्तु या पदार्थ की समस्त जाति का बोध कराने वाली संज्ञा; जैसे– गाय, पुस्तक, लड़का आदि।

भाववाचक संज्ञा – किसी भाव का बोध कराने वाली संज्ञा; जैसे– अच्छाई, सुंदरता, मूर्खता आदि।

1. नीचे दिए शब्दों को उनके सही स्थान पर लिखिए–

पाषाण	बुराई	यमुना	नाव	निकोबार
बरतन	सफलता	चावरा द्वीप	फल	गोलाई
गहराई	मनुष्य	प्यास	भारत	राधा

व्यक्तिवाचक संज्ञा	जातिवाचक संज्ञा	भाववाचक संज्ञा
....	....	....
....	....	....
....	....	....
....	....	....
....	....	....

2. नीचे दिए शब्दों में उपयुक्त उपसर्ग पर (✓) का चिह्न लगाइए–

उपहार

(*i*) उ ☐ (*ii*) हार ☐ (*iii*) उप ☐

निर्माण

(*i*) निर् ☐ (*ii*) नि ☐ (*iii*) इ ☐

अत्यंत

(*i*) अ ☐ (*ii*) अति ☐ (*iii*) अत्य ☐

प्रगति

(*i*) प्र ☐ (*ii*) अति ☐ (*iii*) इ ☐

लोककथा से आगे

- यदि केनो नाव चावरा द्वीप न पहुँचकर किसी अन्य द्वीप के तट पर पहुँच जाती तो क्या होता? कल्पना करके उत्तर दीजिए।
- यदि चावरा द्वीप के निवासी कारनिकोबारियों के विषय में यह धारणा बना लेते कि वे उनके द्वीप पर अधिकार करने आए हैं तो क्या होता?

नन्हे हाथों से

- **किसी द्वीप या दर्शनीय स्थल की यात्रा का वर्णन कीजिए–**

....

....

....

....

....

....

....

कुछ करने को

- भारत के कौन-कौन से प्रदेशों में आदिवासी रहते हैं? आदिवासियों के रहन-सहन, खान-पान व पूजा-पाठ संबंधी जानकारी इंटरनेट, पुस्तकालय या अध्यापक की सहायता से प्राप्त करके एक परियोजना तैयार कीजिए।
- लक्ष्य द्वीप और अंडमान-निकोबार द्वीप समूह के बारे में जानकारी एकत्र कीजिए। इनके बारे में कुछ मुख्य बातें भी लिखिए।

आप क्या करेंगे

- यदि आपको कोई अद्भुत वस्तु दिखाई दे तो आप क्या करेंगे?
- यदि आप कहीं भ्रमण पर गए हों और घूमते हुए किसी आदिवासी क्षेत्र में पहुँच जाएँ। वहाँ के आदिवासी आपको अपना शत्रु समझकर पकड़ लें तो आप क्या करेंगे?

15 दोहे

तरुवर फल नहिं खात है, सरवर पियहि न पान।
कहि रहीम पर काज हित, संपति सँचहि सुजान।।

जो रहीम उत्तम प्रकृति, का करि सकत कुसंग।
चंदन विष व्यापत नहीं, लिपटे रहत भुजंग।।

रहिमन विपदा ही भली, जो थोरे दिन होय।
हित अनहित या जगत में, जानि परत सब कोय।।

रहिमन वे नर मर गये, जे कछु माँगन जाहि।
उनते पहिले वे मुये, जिन मुख निकसत नाहि।।

धनि रहीम जल पंक को, लघु जिय पियत अघाय।
उदधि बड़ाई कौन है, जगत पियासो जाय।।

रहीम

माला तो कर में फिरै, जीभ फिरै मुख माहिं।
मनुवा तो चहुँ दिस फिरै, यह तो सुमिरन नाहिं।।

माटी कहे कुम्हार से, तू क्या रौंदे मोय।
एक दिन ऐसा आएगा, मैं रौंदूगी तोय।।

जहाँ दया तहाँ धर्म है, जहाँ लोभ तहाँ पाप।
जहाँ क्रोध तहाँ काल है, जहाँ क्षमा तहाँ आप।।

कबीरदास

शिक्षण संकेत

- बच्चों को दोहों में छिपे जीवन-मूल्यों से परिचित करवाएँ।
- दोहों का स्मरण करवाते हुए बच्चों से पाठ का वाचन करवाएँ।

शब्दार्थ

तरुवर	पेड़	सरवर	तालाब
सुजान	सज्जन पुरुष	उत्तम प्रकृति	अच्छा स्वभाव
व्यापत	फैला हुआ	भुजंग	साँप
विपदा	मुसीबत	निकसत	निकले
पंक	कीचड़	अघाय	तृप्त
उदधि	समुद्र	कर	हाथ
चहुँ	चारों ओर	दिस	दिशा
माटी	मिट्टी	लोभ	लालच

संकलनात्मक एवं रचनात्मक मूल्यांकन

मौखिक

1. **पढ़िए और बोलिए–**

   संपत्ति प्रकृति विपदा उदधि

2. **सोचकर बताइए–**

   (क) कबीरदास जी कैसे स्मरण को स्मरण नहीं मानते?

   (ख) सज्जन व्यक्ति संपत्ति का संचय क्यों करते हैं?

   (ग) 'चंदन विष व्यापत नहीं, लिपटे रहत भुजंग।' इस पंक्ति का क्या अर्थ है?

लिखित

1. **नीचे दिए प्रश्नों के लघु उत्तर दीजिए–**

   (क) किस प्रकार के लोगों पर बुरी संगति का कोई असर नहीं होता?

   ....

   ....

(ख) रहीम जी ने विपदा को भली क्यों कहा है?

....

....

(ग) कीचड़ युक्त जल को सागर की तुलना में श्रेष्ठ क्यों कहा गया है?

....

....

2. नीचे दिए प्रश्नों के दीर्घ उत्तर दीजिए–

(क) मिट्टी कुम्हार से क्या कहती है? इससे जीवन की किस सच्चाई का बोध होता है?

....

....

....

....

(ख) नीचे दिए दोहों के भावार्थ लिखिए–

(*i*) रहिमन वे नर मर गये, जे कछु माँगन जाहि।
उनते पहिले वे मुये, जिन मुख निकसत नाहि।।

....

....

....

....

(*ii*) धनि रहीम जल पंक को, लघु जिय पियत अघाय।
उदधि बड़ाई कौन है, जगत पियासो जाय।।

....

....

....

....

3. नीचे दिए प्रश्नों के उपयुक्त उत्तर पर (✓) का चिह्न लगाइए–

(क) दूसरों के हित के लिए संपत्ति कौन जुटाता है?

(*i*) अधम पुरुष ☐ (*ii*) सज्जन पुरुष ☐ (*iii*) कायर पुरुष ☐

(ख) सर्प कौन-से पेड़ पर लिपटे रहते हैं?

(*i*) बरगद पर ☐ (*ii*) नीम पर ☐ (*iii*) चंदन पर ☐

(ग) ऐसे लोग जिनके पास वस्तुएँ होते हुए भी दूसरों को देने से मना कर देते हैं, वे किसके समान हैं?

(*i*) देवता के समान ☐ (*ii*) मरे हुए के समान ☐ (*iii*) भिखारी के समान ☐

(घ) कुम्हार मिट्टी से क्या बनाता है?

(*i*) घर ☐ (*ii*) ईंट ☐ (*iii*) घट ☐

(ङ) जहाँ लोभ होता है, वहाँ क्या होता है?

(*i*) पाप ☐ (*ii*) धर्म ☐ (*iii*) पुण्य ☐

4. सही मिलान कीजिए–

जो रहीम उत्तम प्रकृति	जानि परत सब कोय।
कहि रहीम पर काज हित	जहाँ क्षमा तहाँ आप।
हित अनहित या जगत में	जीभ फिरै मुख माहिं।
जहाँ क्रोध तहाँ काल है	का करि सकत कुसंग।
माला तो कर में फिरै	संपति सँचहि सुजान।

भाषा ज्ञान

1. वर्ग पहेली में दिए गए शब्दों के पर्यायवाची शब्द भरिए–

1 र	2		3		4
5			×	6	
	×	×	7		
×	8				×
9		×			×

बाएँ से दाएँ

1. जीभ
3. राक्षस
5. शीशा
8. सोना
9. पेड़

ऊपर से नीचे

2. साँप
4. प्रार्थना
5. समूह
6. प्रभु
7. हवा

2. **नीचे दिए शब्दों को शब्दकोश के क्रम में लिखिए–**

सुमिरन दया तरुवर प्रकृति विपदा काज दिस

....

3. **नीचे दिए शब्दों का वर्ण-विच्छेद कीजिए–**

संपत्ति – .... माँगन – ....

प्रकृति – .... उदधि – ....

4. **नीचे दिए शब्दों के मानक रूप लिखिए–**

सरवर – .... काज – ....

थोरे – .... उनते – ....

निकसत – .... पियासो – ....

माटी – .... मोय – ....

तहँ – .... दिस – ....

दोहों से आगे

- 'समुद्र सामने हो फिर भी इंसान प्यासा रह जाए।' यह बात कहाँ तक सही है?
- क्या मिट्टी कुम्हार को रौंद सकती है? इस वाक्य का स्पष्टीकरण अपने शब्दों में कीजिए।

नन्हे हाथों से

- **चित्र को देखकर सूरदास के प्रसिद्ध पद लिखिए, जिनमें श्रीकृष्ण यशोदा माता को मक्खन न खाने की बात बता रहे हैं।**

कुछ करने को

- दोहों का एक सुंदर चार्ट तैयार कीजिए और कक्षा में लगाइए।
- अध्यापक/अध्यापिका की सहायता से कक्षा को दो समूहों में विभाजित कीजिए और दोहों पर आधारित प्रतियोगिता का आयोजन कीजिए।

आप क्या करेंगे

- यदि आपके कुछ मित्र बुरी आदतों के शिकार हों और यह जानकर आपके माता-पिता आपको उनसे दूरी बनाने को कहें तो आप क्या करेंगे?
- यदि आपके समक्ष आपका छोटा भाई/बहन किसी बच्चे को परेशान करे तो आप क्या करेंगे?

16 वन

वनों को 'हरा सोना' माना जाता है। हमारे जीवन तथा राष्ट्र की समृद्धि को बनाए रखने में वनों की महत्त्वपूर्ण भूमिका है। वनों से हमें जीवनोपयोगी ऑक्सीजन प्राप्त होती है, जिसके बिना पृथ्वी शून्य है। वन वातावरण में गैसों का संतुलन बनाए रखते हैं। चारों ओर फैली हुई इनकी हरियाली और पेड़-पौधे धरा की नमी को बनाए रखते हैं।

वन मिट्टी के क्षरण और भूस्खलन को नियंत्रित रखते हैं। पहाड़ी क्षेत्रों में वन अपनी दूर-दूर तक फैली जड़ों द्वारा नदियों के किनारों की मिट्टी को जकड़े रखते हैं। पेड़-पौधे वर्षा के जल के वेग की क्षरण-शक्ति को कम करके मृदा की उर्वराशक्ति को बनाए रखते हैं। इतना ही नहीं, वनों के छोटे-छोटे पौधे व टूटी-गिरी पत्तियों की मोटी तह मिट्टी की खाद का कार्य करती है। जहाँ वन होते हैं वहाँ बाढ़ और सूखे का प्रकोप न के बराबर होता है, क्योंकि पेड़-पौधों की उपस्थिति में जल का वेग स्वतः ही कम हो जाता है। पेड़-पौधे जल को सोखकर मिट्टी की नमी को बनाए रखते हैं जिससे सूखे की संभावना कम हो जाती है। वन धरती के प्राण हैं और प्राणों की सुरक्षा सर्वोपरि होती है।

शिक्षण संकेत

- बच्चों को पेड़-पौधों का महत्त्व समझाएँ।
- बच्चों को समझाएँ कि जीवनदायिनी ऑक्सीजन केवल पेड़-पौधों से ही मिल सकती है, अन्य किसी से नहीं।

वनों की महत्ता किसी से छिपी नहीं है फिर भी मनुष्य इनका दोहन किए जा रहा है। वह अपने स्वार्थ के लिए इनका अंधाधुंध उपयोग कर रहा है। वनों की कटाई से पारिस्थितिकी तंत्र बुरी तरह प्रभावित होता है। इसके अतिरिक्त वनों के अभाव में पशु-पक्षियों की बहुत-सी प्रजातियाँ विलुप्त होने की कगार पर हैं। 'रेड डेटा' पुस्तक, जिसमें विलुप्त हो रहे पक्षियों और जंतुओं का लेखा-जोखा होता है, के अनुसार पक्षियों की 139 और जंतुओं की 106 प्रजातियाँ विलुप्त हो चुकी हैं। मनुष्य की स्वार्थी प्रवृत्ति से प्रकृति के पाँचों आधारभूत तत्व- आकाश, अग्नि, वायु, पृथ्वी और जल संकट में पड़ गए हैं। वृक्षों के कटने से पर्यावरण का संतुलन बिगड़ गया है जिससे अकाल, सूखा, बाढ़, भूकंप और भूस्खलन जैसी आपदाएँ सृष्टि को विनाश की ओर धकेल रही हैं।

हिमालय क्षेत्र की नदियों के ऊपरी किनारों पर वनों के कटाव को रोकने के लिए समाजसेवी सुंदरलाल बहुगुणा ने 'चिपको आंदोलन' चलाया था। उसी से प्रेरणा लेकर कर्नाटक में 'आपिको आंदोलन' चलाया गया। इन आंदोलनों में आंदोलनकर्ता, बच्चे तथा महिलाएँ वृक्षों को कटने से बचाने के लिए आवश्यकता पड़ने पर उनसे चिपक जाते हैं और तब तक चिपके रहते हैं जब तक कि उस क्षेत्र में वृक्षों को काटने वाले लोग अपने हथियार डालकर चले नहीं जाते।

वनों की महत्ता को समझते हुए और वनों की कटाई के गंभीर परिणामों को देखते हुए इनका संरक्षण बहुत आवश्यक हो गया है। धरा को विनाश से बचाने का एकमात्र उपाय है- वनों के विनाश को रोकना। वनों के विनाश को अधिक-से-अधिक वृक्ष लगाकर रोका जा सकता है। वृक्षों को लगाकर दूर-दूर तक फैली परती और बंजर भूमि को लहलहाते वनों में परिवर्तित किया जा सकता है। जिससे राष्ट्रीय संपत्ति में तो वृद्धि होगी ही, साथ ही जनसंख्या वृद्धि के कारण ईंधन, चारा आदि की बढ़ती हुई माँग को भी पूरा किया जा सकेगा। इससे पर्यावरण की सुरक्षा होगी और हमारा जीवन भी सुखमय बन सकेगा।

यदि धरा को समृद्धशाली देखना है और विनाश से बचाना है तो लोगों को अधिक-से-अधिक पेड़-पौधे लगाने होंगे तथा वनों की सुरक्षा करनी होगी। बच्चों को भी यह शिक्षा देनी होगी कि वनों की सुरक्षा में ही हमारी सुरक्षा है।

आओ बच्चो वृक्ष लगाएँ,
देश को हरा-भरा बनाएँ।
ये हैं अपने सच्चे साथी,
इनका साथ कभी न गँवाएँ।।

शब्दार्थ

समृद्धि	संपन्नता	शून्य	अस्तित्वहीन
क्षरण	कटाव, रिसना	उर्वराशक्ति	उपजाऊपन, उर्वरत्व
स्वतः	अपने-आप	अंधाधुंध	बिना सोचे-समझे
विलुप्त	नष्ट, छिपा हुआ	संरक्षण	रक्षा करना

इन्हें ऐसे भी लिख सकते हैं–

समृद्धि – समृद्धि   संपत्ति – संपत्ति   वृद्धि – वृद्धि

संकलनात्मक एवं रचनात्मक मूल्यांकन

मौखिक

1. **पढ़िए और बोलिए–**

संतुलन   भूस्खलन   नियंत्रित   सर्वोपरि   पारिस्थितिकी

2. **सोचकर बताइए–**

(क) सूखे तथा बाढ़ को रोकने में वन किस प्रकार सहायक हैं?

(ख) विलुप्त हो रहे पशु-पक्षियों की जानकारी कहाँ से प्राप्त की जा सकती है?

(ग) पशु-पक्षियों की अनेक प्रजातियों के विलुप्त होने का क्या कारण है?

लिखित

1. **नीचे दिए प्रश्नों के उत्तर शब्दों में दीजिए–**

(क) वनों को क्या माना जाता है? ....

(ख) वनों से हमें क्या प्राप्त होती है? ....

(ग) धरती के प्राण किन्हें कहा जाता है? ....

(घ) मनुष्य अपने स्वार्थ के लिए क्या कर रहा है? ....

(ङ) मृदा की उर्वराशक्ति को कौन बनाए रखता है? ....

2. नीचे दिए प्रश्नों के लघु उत्तर दीजिए–

(क) वृक्षों की टूटी-गिरी पत्तियाँ किस काम आती हैं?

(ख) वनों की कटाई से पारिस्थितिकी तंत्र पर क्या प्रभाव पड़ता है?

(ग) पर्यावरण संतुलन बिगड़ने से क्या अभिप्राय है?

(घ) मनुष्यों की स्वार्थी प्रवृत्ति से वनों को क्या हानि होती है?

3. नीचे दिए प्रश्नों के दीर्घ उत्तर दीजिए–

(क) हमारे जीवन में वनों का क्या महत्त्व है?

(ख) पृथ्वी को विनाश से कैसे बचाया जा सकता है?

4. नीचे दिए वाक्यों की सही शब्दों से पूर्ति कीजिए–

(क) वनों को .... कहा जाता है।

(*i*) हरा मोती ☐ (*ii*) हरा सोना ☐ (*iii*) काला सोना ☐

(ख) पेड़-पौधे मृदा की .... शक्ति को बनाए रखते हैं।

(*i*) उर्वरा ☐ (*ii*) क्षरण ☐ (*iii*) वहन ☐

(ग) .... पुस्तक में पक्षियों और जंतुओं की विलुप्त हो रही प्रजातियों का लेखा-जोखा होता है।

(*i*) व्हाइट डेटा ☐ (*ii*) ब्लैक डेटा ☐ (*iii*) रेड डेटा ☐

(घ) वनों के कटने से .... बिगड़ गया है।

(*i*) पर्यावरण संतुलन ☐ (*ii*) वनस्पतीय संतुलन ☐ (*iii*) जैविक संतुलन ☐

(ङ) वनों को बचाने के लिए सुंदरलाल बहुगुणा ने .... आंदोलन चलाया था।

(*i*) आपिको ☐ (*ii*) चिपको ☐ (*iii*) टपको ☐

भाषा ज्ञान

अनुस्वार का प्रयोग– स्वर रहित नासिक ध्वनियों (ङ्, ञ्, ण्, न्, म्) के स्थान पर अनुस्वार का प्रयोग किया जाता है। अनुस्वार के बाद जो व्यंजन हो, उसी वर्ग का पंचम वर्ण अनुस्वार के रूप में लिखा जाता है; जैसे–

क वर्ग –	गंगा	=	गङ्गा	(ङ्)	त वर्ग –	बंदर	=	बन्दर	(न्)
च वर्ग –	बंजर	=	बञ्जर	(ञ्)	प वर्ग –	खंभा	=	खम्भा	(म्)
ट वर्ग –	घंटी	=	घण्टी	(ण्)					

1. नीचे दिए शब्दों को ध्यान से देखिए और इनका दूसरा रूप लिखिए–

मंदिर – मन्दिर

खंजर – ....

कंप्यूटर– ....

कंठ – ....

कंचन – ....

अंडा – ....

मंगलम – ....

चंचल – ....

2. **नीचे दिए शब्दों से प्रत्यय अलग करके लिखिए–**

हरियाली	=	....	+	....	नियंत्रित	=	....	+	....
संतुलित	=	....	+	....	राष्ट्रीय	=	....	+	....
समृद्धशाली	=	....	+	....	जैविक	=	....	+	....
स्वार्थी	=	....	+	....	मानवीय	=	....	+	....

3. **नीचे दिए शब्दों में जो शब्द पर्यायवाची नहीं है, उस पर (✗) का चिह्न लगाइए–**

सूर्य	–	निशाकर	आदित्य	भास्कर	दिवाकर
बादल	–	वारिद	मेघ	जलज	नीरद
चंद्रमा	–	शशि	राकेश	विधु	प्रभाकर
अनुचर	–	स्वामी	सेवक	दास	परिचारक
किरण	–	कर	अंशु	रश्मि	हाथ

निबंध से आगे

- यदि पृथ्वी पर पेड़-पौधे न हों तो क्या होगा?
- चंद्रमा पृथ्वी का उपग्रह है। मनुष्य ने चंद्रमा पर अपने कदम बहुत पहले रख दिए थे। अब वह चंद्रमा पर घर बनाने की जुगत में लगा है। आपके अनुसार चंद्रमा पर रहने के लिए उसे किन-किन वस्तुओं की आवश्यकता होगी?

कुछ करने को

- विभिन्न वृक्षों के चित्र अपनी स्क्रैप बुक में लगाइए तथा उनके नाम व प्रमुख बातें भी लिखिए।
- पर्यावरण दिवस कब मनाया जाता है? पता लगाइए।
- अध्यापक/अध्यापिका की सहायता से 'वृक्षों की महत्ता' पर विद्यालय में एक गोष्ठी का आयोजन कीजिए।

नन्हे हाथों से

• वनों का संरक्षण संबंधी चित्र बनाइए और उसमें रंग भरिए–

आप क्या करेंगे

• यदि आपके घर के आस-पास कोई पुराना वृक्ष हो और कोई व्यक्ति उस वृक्ष की पत्तियों को अपने घर के आँगन में गिरने से रोकने के लिए उसे काटना चाहे तो आप क्या करेंगे?

• आपके घर के आस-पास कोई उद्यान है। यदि सरकार द्वारा उसमें पौधे लगाए गए हों और वे समय पर पानी न मिलने के कारण सूख रहे हों तो आप क्या करेंगे?

17 तरह-तरह के मिलनेवाले

इस समाज में तीन प्रकार के लोग होते हैं। एक– समय पर न मिलने वाले, दूसरे– समय पर किसी के घर न जाने वाले तथा तीसरे– न समय पर घर मिलने वाले और न ही समय पर किसी के घर जाने वाले।

जो समय पर घर मिलते हैं और समय पर ही दूसरों के घर जाते हैं, ऐसे जीवधारी मुट्ठीभर ही बचे हैं। सज्जनतावश हम इन्हें भी 'आदमी' कह देते हैं। वास्तव में, ये 'टाइमपीस' होते हैं। घर में रहेंगे तो टाइमपीस (दीवार घड़ी) देखते रहेंगे और बाहर होंगे तो कलाईघड़ी देखते रहेंगे। इन्हें हम बरदाश्त कर लेते हैं। मगर यहाँ इनकी चर्चा करना व्यर्थ है।

चर्चा उनकी करनी है, जिन्होंने सुबह नौ बजे मिलने का वादा किया, पर वे घर पर नहीं हैं। हम उनकी बैठक में उनका इंतज़ार कर रहे हैं। उनका बड़ा बेटा शिष्टता का निर्वाह करने के लिए हमारे समक्ष बैठा कोई किताब पढ़ रहा है। वह बीच-बीच में आँख की कोर से यह देख लेता है कि हम उठकर जाने की तैयारी कर रहे हैं या नहीं। तनाव कम करने के लिए हम

शिक्षण संकेत

- बच्चों को बताएँ कि प्रस्तुत पाठ हास्य-व्यंग्य पर आधारित है। इस पाठ के माध्यम से उन लोगों पर कटाक्ष किया गया है जो समय का महत्त्व नहीं जानते। वे अपना कार्य तो समय पर नहीं करते हैं और दूसरों का समय नष्ट करते हैं।

उसकी शिक्षा-दीक्षा के बारे में पूछ लेते हैं। वह हमारे बड़े-से सवाल का छोटा-सा जवाब दे देता है और हमें लगता है कि हम बच्चे हैं जो किसी बुज़ुर्ग के सामने बचकानी बक-बक किए जा रहे हैं। हम अखबार पढ़ने का ढोंग करते हैं और बीच-बीच में पूछ लेते हैं, "कहाँ गए हैं?" सीधा-सा जवाब आता है। "पता नहीं।" "कब तक आएँगे?" "पता नहीं।" "कुछ कहकर गए हैं?" "नहीं," हम फिर से अख़बार देखने लगते हैं। लड़का ऊब जाता है, वह चाहता है कि हम टलें। मगर हमें ज़रूरी काम है।

भीतर औरतें परेशान हैं। उनका बाहर निकलना बंद है। भीतर से औरतों की आवाज़ें सुनाई पड़ती हैं—"यह अच्छा इंसान है, सवेरे ही आकर बैठ गया है, उठने का नाम ही नहीं लेता। अरे, कह दिया कि घर पर नहीं हैं, तो जाता क्यों नहीं? कुछ काम-धाम नहीं है, तो यहाँ बैठे, वहाँ बैठे। इनकी भी तो आदत है कि जिस-तिस से कह देते हैं कि घर आ जाना।"

यह सुनकर हमारा चेहरा लाल हो जाता है। कान की लोरियाँ जलने लगती हैं मगर क्या करें हमें ज़रूरी काम है। आखिर हम उठते हैं और लड़के से कहते हैं, "अच्छा हम जाते हैं, कह देना हम आए थे।" लड़का खुश होकर 'नमस्ते' करता है और हमें विदा कर देता है।

शाम तक वे कहीं मिल जाते हैं तो चौंककर कहते हैं, "अरे! मैं तो भूल गया। तुम्हें बड़ी परेशानी हुई होगी न! मुझे बेहद अफ़सोस है। अच्छा कल आठ बजे आ जाओ। मैं तुम्हारा इंतज़ार करूँगा।"

दूसरे दिन आठ बजे हम फिर पहुँचते हैं। उनका बड़ा बेटा फाटक पर आकर कहता है— "वे घर पर नहीं हैं।"

"कहाँ गए हैं?"

"पता नहीं।"

"कब लौटेंगे?"

"पता नहीं।"

"कुछ कहकर गए हैं?"

"नहीं।"

वह भागकर फाटक तक इसलिए आता है कि हम वहीं से ही लौट जाएँ। मगर हमें काम है इसलिए हम स्वयं फाटक खोलकर भीतर आ जाते हैं। उनका छोटा बेटा हमें देखकर दरवाज़े से चिल्लाता हुआ भीतर भागता है, "ओ अम्मा, वह फिर आ गया।"

हम बैठक में बैठ जाते हैं। बड़ा लड़का किताब पढ़ने लगता है, हम वही कल का अखबार पढ़ने लगते हैं, लड़का मुँह छिपाकर हँसता है। छोटे बच्चे दरवाज़े पर आ-आकर हमें देख जाते हैं। भीतर से औरतों की आवाज़ें सुनाई देती हैं, "लो, वह तो फिर आकर बैठ गया। बड़ा मट्ठर आदमी है। कह दिया कि आदमी घर पर नहीं हैं, तो जाकर अपना काम-धाम क्यों नहीं देखता?" "काम-धाम कुछ हो तो देखे!" कहकर सब हँसती हैं। छोटा लड़का पूरे परिवार की भावना समझकर दरवाज़े पर आकर कहता है, "ए, पापा बाहर गए हैं।" हम अनसुना कर देते हैं। लड़का फिर कहता है, "ए, पापा बाहर गए हैं।" बड़ा लड़का इसे अनुचित समझता है और उसे डाँटता है- "ए मुन्ने, भाग यहाँ से।" छोटा लड़का भाग जाता है मगर फिर आता है, "ए, पापा बाहर गए हैं।" बड़ा लड़का, "ए मुन्ने, चुप! चाँटा खाएगा?"

मुन्ने को अब इस खेल में मज़ा आने लगा था। वह दरवाज़े पर बार-बार आकर कहता है, "ए, पापा बाहर गए हैं।" बड़ा लड़का डाँटता है तो वह खिलखिलाकर ताली बजाता हुआ भीतर भाग जाता है, फिर आता है।

हम उठते हैं, कहते हैं, "पता नहीं कब आएँगे। अच्छा, हम चलते हैं।" बड़ा लड़का बहुत खुश होता है। जब फाटक बंद करने के लिए हम मुड़ते हैं तो लगभग सारा परिवार खिड़की और दरवाज़े पर खड़ा, बड़ी दिलचस्पी से हमें जाते हुए देखता है।

इतनी तपस्या के बाद अगर वे कभी मिल गए तो लगता है कि जैसे भगवान को पा लिया। जो लोग समय तय करके भी घर पर नहीं मिलते, वे भगवान के एजेंट मालूम होते हैं। वे हमें आभास कराते हैं कि कैसे बिना ऊबे, अवमानना की अवहेलना करके अनिश्चित काल के लिए किसी के दरवाज़े पर इंतज़ार किया जाता है। भगवान के दरवाज़े पर तो कई जन्मों तक इंतज़ार करना पड़ता है। इधर कुछ अभ्यास हो गया तो उधर आसानी पड़ेगी। दूसरी बात, इंतज़ार से प्रेम बढ़ता है। हर क्षण वही मन में रहता है और आँखें फाटक पर बिछी रहती हैं। प्रेम का इसी बात से पता चलता है कि कौन आपका कितनी देर तक इंतज़ार कर सकता है? मेरे एक दोस्त हैं। मैं उनसे मिलने का समय तय तो कर लेता हूँ, पर उस समय हरगिज़ उनके घर नहीं जाता। यह निश्चित है कि वे उस समय घर पर नहीं होंगे। समय की पाबंदी के लिए जितनी सावधानी चाहिए, उससे कम कभी समय पर न मिलने के लिए चाहिए। मैं उनके घर ऐसे समय जाता हूँ, जब उनके मिलने की संभावना बिलकुल नहीं होती, और वे मिल जाते हैं। उनके जहाँ होने की उम्मीद होती है, वे वहाँ न होकर वहाँ होते हैं, जहाँ उनके होने की उम्मीद बिलकुल नहीं होती। वे किसी कमेटी के सदस्य हैं, जिसकी बैठक में उन्हें होना चाहिए। मगर उस वक्त वे घर पर ही मिल जाएँगे।

जब मेरा उनसे परिचय हुआ था और कुछ औपचारिकताएँ अभी बाकी थीं, तब उन्होंने मुझे भोजन पर बुलाया। मैं ठीक समय पर पहुँच गया। मालूम हुआ कि वे घर पर नहीं हैं। आते ही होंगे, यह सोचकर मैं बैठ गया। एक घंटा बीत गया तो मैंने उनके बेटे से पूछा, "कहाँ गए हैं?" उसने कहा– "कुछ पता नहीं है।" मैंने पूछा, "कब आएँगे, कुछ बता कर गए हैं?"

उसने जवाब दिया, "नहीं, कुछ नहीं बताया।" मैं बैठा रहा। जब लगभग तीन घंटे बीत गए तब लड़के ने कहा, "आपको कुछ ज़रूरी काम था?" मैं उसे कैसे बताता कि क्या काम है? मैं इतना ज़रूर समझ गया कि इस समय मेरे भोजन का यहाँ कोई प्रबंध नहीं है। मैं थोड़ी देर और बैठकर चला गया। शाम को पता चला कि जब मैं उनके घर बैठा था, तब वे दूसरे के घर भोजन कर रहे थे। मुझसे मिले तो दुखी होकर कहने लगे, "अरे, बड़ी गलती हो गई। मैं भूल ही गया। फलाँ के यहाँ बैठा था। उन्होंने बहुत ज़ोर दिया तो मैंने वहीं भोजन कर लिया।"

कई सालों के उनके साथ के अनुभवों से मैंने अपने आस-पास सावधानी की दीवार खड़ी कर ली थी। वे जिस वक्त घर पर मिलने का वादा करते, उस वक्त मैं कभी न जाता। जब वे मेरे घर आने की बात करते, तब मैं बेखटके बाहर घूमता क्योंकि मुझे पक्का विश्वास होता कि वे नहीं आएँगे। वे घर से इधर आने के लिए ही निकलेंगे, पर रास्ते में जो भी मिल जाएगा, उसी के साथ ही हो लेंगे। उससे बातें करने लगेंगे, उसके घर चले जाएँगे, वहीं खाना खा लेंगे और तब उन्हें याद आएगा कि किसी से मिलने का वक्त तय किया था। वे हड़बड़ाकर भागेंगे, पर रास्ते में यदि कोई और मिल गया तो उसी के साथ हो लेंगे।

लेकिन कई सालों बाद मेरी बनाई वह सावधानी की दीवार ढह गई। हमारे एक मित्र का तबादला हो गया। मिले तो भावुक हो उठे, "अरे, अब जाने कब मिलना हो?" मित्र ने तारीख बताई। मेरे मित्र को देखकर कहा, "तुम और परसाई दोनों आ जाओ। देखो, भूलना मत। मैं राह देखूँगा।" मेरे मन में खटका तो हुआ पर भावुकता और आत्मीयता के सामने मैं गाफिल हो गया। दूसरे दिन शाम को हम उनके घर पहुँच गए। वे घर पर नहीं थे।

हम दोनों अब सचेत हो गए। मित्र ने कहा, "उन्हें जानते हुए भी तुमने कल हाँ कह दिया?" मैंने कहा, "निमंत्रण था तो मैं बाधक क्यों बनता?" उसने कहा, "लेकिन हम आ क्यों गए? हाँ कह देते, पर आते नहीं।" मैंने कहा, "पर भोजन का प्रबंध करवा लिया होता तो कितना बुरा होता?" उसने कहा, "कहाँ प्रबंध करवाया होगा यार।" मैंने लड़के से पूछा, "क्यों, कुछ कहकर गए हैं?"

वह बोला, "नहीं, कुछ कहकर नहीं गए।"

हम उठकर चल पड़े। रास्ते में किसी ने बताया कि वे अमुक जगह बैठे हैं। हम वहाँ पहुँचे। इससे पहले कि मैं उनसे शिकायत करूँ, वे बोले– "तो कब जा रहे हो? देखो भाई, जाने से पहले हमारे साथ भोजन ज़रूर करना। बोलो, कब आ रहे हो? कल शाम को ही आ जाओ।"

हम उत्तर के लिए पूरी तरह तैयार थे। हमने समय निश्चित करना ठीक नहीं समझा। मेरे मित्र ने कहा, "किसी भी दिन आ जाएँगे।" वे बोले– "हाँ-हाँ, कभी भी आ जाओ। तुम्हारा अपना ही घर है और मैं तो हमेशा घर पर ही रहता हूँ।"

ऐसे लोगों की निंदा भी होती है क्योंकि वे समय का ध्यान नहीं रखते तथा दूसरों का समय खराब करते हैं। पर मेरा मत दूसरा है कि ऐसे लोग ज्ञानी होते हैं। वे जानते हैं कि काम अनंत और आत्मा अमर है। जल्दी वे करें और समय का ध्यान वे रखें जिनकी आयु पचास साल की हो, हमारी वायु तो करोड़ों साल है, क्योंकि आत्मा कभी नहीं मरती। जो काम इस जन्म में पूरे नहीं हुए, उन्हें अगले जन्म में पूरा कर लेंगे, या उससे अगले में। जल्दी क्या है?

शब्दार्थ

बरदाश्त	–	सहन	शिष्टता	–	सभ्यता
बचकानी	–	व्यर्थ, बच्चों जैसी	अवमानना	–	अपमान करना
अवहेलना	–	उपेक्षा	आत्मीयता	–	अपनापन
गाफिल	–	लापरवाह, असावधान	बाधक	–	बाधा पहुँचाने वाला

संकलनात्मक एवं रचनात्मक मूल्यांकन

मौखिक

1. **पढ़िए और बोलिए–**

सज्जनतावश निर्वाह औपचारिकता आत्मीयता

2. **सोचकर बताइए–**

(क) लेखक कैसे लोगों की चर्चा करना व्यर्थ समझता है?

(ख) बड़ा लड़का लेखक के समक्ष क्यों बैठा रहता था?

(ग) लेखक ने भावुकता में क्या लापरवाही की और उसका क्या परिणाम निकला?

लिखित

1. **नीचे दिए प्रश्नों के उत्तर शब्दों में दीजिए–**

(क) जो लोग तय समय पर मिल जाते हैं, उन्हें क्या कहते हैं? ....

(ख) छोटा लड़का बार-बार आकर लेखक को क्या कहकर जाता था? ....

(ग) लेखक के अनुसार इंतज़ार से क्या बढ़ता है? ....

(घ) लेखक की लापरवाही का क्या कारण था? ....

(ङ) "जो काम इस जन्म में पूरा नहीं हुआ वह दूसरे जन्म में कर लेंगे।" यह कौन-सी प्रवृत्ति के लोग सोचते हैं? ....

2. **नीचे दिए प्रश्नों के लघु उत्तर दीजिए–**

(क) किस परिस्थिति में लेखक बच्चों को बुजुर्ग और स्वयं को बच्चा समझता है?

....

....

(ख) लेखक के आने से घर की औरतें क्यों परेशान हो जाती हैं?

....

....

(ग) लेखक नए परिचित व्यक्ति के घर क्या करने गए थे? और लेखक की मुलाकात उनसे क्यों नहीं हो सकी?

....

....

(घ) जो लोग समय देकर घर पर नहीं मिलते, उनकी निंदा क्यों होती है?

....

....

3. **नीचे दी गई पंक्तियों का भावार्थ स्पष्ट कीजिए–**

(क) जो लोग समय तय करके भी घर पर नहीं मिलते, वे 'भगवान के एजेंट' मालूम होते हैं। वे हमें आभास कराते हैं कि कैसे बिना ऊबे, अवमानना की अवहेलना करके अनिश्चित काल के लिए किसी के दरवाज़े पर इंतज़ार किया जाता है।

....

....

....

....

(ख) वे जिस वक्त घर पर मिलने का वादा करते, उस वक्त मैं कभी न जाता। जब वे मेरे घर आने की बात करते, तब मैं बेखटके बाहर घूमता क्योंकि मुझे पक्का विश्वास होता कि वे नहीं आएँगे।

....

....

....

....

(ग) काम अनंत हैं और आत्मा अमर है। जल्दी वे करें और समय का ख्याल वे रखें जिनकी आयु पचास-साठ साल की हो, हमारी आयु तो करोड़ों साल है, क्योंकि आत्मा कभी नहीं मरती। जो काम इस जन्म में पूरे नहीं होंगे, उन्हें अगले जन्म में पूरा कर लेंगे।

....

....

....

....

भाषा ज्ञान

1. **वाक्यांशों के लिए एक शब्द लिखिए–**

(क) जिसका कोई अंत न हो – ....

(ख) जो निश्चित न हो – ....

(ग) जो उचित न हो – ....

(घ) जिसकी कभी मृत्यु न हो – ....

2. **नीचे दिए वाक्यों में प्रयुक्त विराम-चिह्नों के नाम लिखिए–**

(क) सज्जनतावश हम उन्हें भी 'आदमी' कह देते हैं। ....

(ख) तुम्हें बड़ी परेशानी हुई होगी न! ....

(ग) कुछ कहकर गए हैं? ....

(घ) ऐ मुन्ने, चुप! चाँटा खाएगा? ....

3. **शब्दों में लगे उपसर्ग और प्रत्यय अलग करके लिखिए–**

अवमानना – .... अवहेलना – ....

अनुचित – .... दिलचस्पी – ....

संभावना – .... औपचारिकता– ....

आत्मीयता– .... भावुकता – ....

व्यंग्य से आगे

- घर में मेहमान आ जाने पर पूरा परिवार शिष्टता के बंधन में बंधा महसूस करता है। यह बात कहाँ तक सही है? उदाहरण देकर समझाइए।
- भारतीय संस्कृति में अतिथि को भगवान का दर्जा दिया गया है। क्या आधुनिक युग में यह बात सही लगती है?

नन्हे हाथों से

- 'जिधर मुँह उठाया, उधर चल दिए।' यह उक्ति मनुष्य के किस स्वभाव को दर्शाती है? स्पष्ट करते हुए एक अनुच्छेद लिखिए–

....

....

....

....

....

....

....

....

....

....

कुछ करने को

- 'अतिथि तुम कब जाओगे' फिल्म की कहानी संक्षेप में अपनी कॉपी में लिखिए।
- अध्यापक/अध्यापिका की सहायता से व्यंग्य कथा को नाटक के रूप में तैयार करके उसका मंचन कीजिए।

आप क्या करेंगे

- यदि कोई अपरिचित व्यक्ति आपके पिता जी से मिलने आए और उस समय घर में कोई बड़ा न हो तो आप क्या करेंगे?
- यदि गरमी की छुट्टियों में आपके घर आपकी बुआ या मौसी के छोटे बच्चे आएँ और आपके सामान को इधर-उधर फेंक दें तो आप क्या करेंगे?

18 देशप्रेम के दाम

केवल पढ़ने हेतु

सन 1942 की बात है। महात्मा गांधी तथा स्वतंत्रता आंदोलन के अन्य नेता गिरफ़्तार कर लिए गए थे। ब्रिटिश सरकार के विरुद्‌ध जनचेतना जगाने के इरादे से नारायण बाबू भूमिगत हो गए थे और छद्‌म वेश में उड़ीसा के एक छोर से दूसरे छोर तक आज़ादी की अलख जगाते घूम रहे थे। अंग्रेज़ सरकार ने उन पर हज़ार रुपए के इनाम की घोषणा कर रखी थी।

घर पर पत्नी सौदामिनी और दो वर्षीय बेटे सनातन के अलावा कोई न था। पुलिस बार-बार सौदामिनी से पूछताछ करने के लिए आती थी। पिछले दो-तीन महीनों में नारायण बाबू आधी रात को घंटे-दो-घंटे के लिए एक-दो बार ही घर आए थे। पत्नी और बेटे को देखकर, दो बोल हिम्मत और सांत्वना के बोलकर चले जाते थे। उस रात भी घंटेभर के लिए घर आए थे। पर घर पहुँचने पर देखा कि सनातन बुखार में बेहाल पड़ा है। सौदामिनी ने छलछलाए नेत्रों से कहा, "तवे-सी तपती इसकी देह को छोड़कर कैसे जाओगे? रात बीत जाने पर डॉक्टर या वैद्‌य को दिखा देते। अब इस रात में क्या करूँ? मुझे बहुत डर लग रहा है।"

आकाश में मेघ घिर रहे थे। परत-दर-परत अँधेरा पूरे परिवेश को आशंका और भय से व्यग्र किए दे रहा था। ऐसे में अकेली सौदामिनी के पास बीमार बच्चे को छोड़कर देशप्रेम की जलती आग में कूदने की नारायण बाबू की हिम्मत नहीं हो रही थी। सनातन अपनी नन्ही हथेलियों में उनका हाथ पकड़े हुए था। बुखार तेज़ था, साथ में पुत्र-स्नेह की ऊष्मा मिल गई जिससे तपन और अधिक बढ़ गई। घंटेभर में उनको वह जगह छोड़ अन्यत्र कहीं चले जाना था पर नारायण बाबू इस निर्देश को भुला बैठे। सनातन को गोद में लेकर रातभर

बैठे रहे। सुबह पुलिस की सीटी सुनकर जगह बदलने की हिदायत याद आई। मकान पुलिस के घेरे में था, पकड़े गए। चार वर्ष जेल कोठरी में सड़ना पड़ा।

महात्मा गांधी के आह्वान पर नारायण बाबू नौकरी छोड़कर पूरे तन-मन से स्वतंत्रता आंदोलन में कूद पड़े थे। अपने जीवन में देश को स्वतंत्र हुआ देखेंगे या जेल से छूटकर बेटे-पोतों और बेटी-नातियों को लेकर घर बसाएँगे, यह सपने में भी नहीं सोचा था। कभी-कभी मन में यह विचार ज़रूर आता था कि वे भी अन्य स्वतंत्रता सेनानियों की तरह जेल में बीमार पड़कर बिना इलाज के मर सकते हैं या फिर गोकुल भोल की तरह जेलवालों के दुर्व्यवहार के प्रतिवाद में आमरण अनशन कर शहीद हो सकते हैं। तब सनातन ज़रूर ब्रिटिश सरकार से लड़ेगा... उनके जीवन का आदर्श उनकी संतान को रास्ता दिखाएगा। मगर हो गया सब उलट-पलट।

देश स्वतंत्र हुआ। पत्नी के चल बसने के बाद उन्होंने बड़ी मुश्किल से सनातन को वकालत की पढ़ाई करवाई। उसे स्वाधीनता के प्रति जागरूक और सच्चा इनसान बनाने की पूरी कोशिश की, मगर वह अलग ही राह पर चल पड़ा। वह भी औरों की तरह इस मान्यता का पक्षधर हो गया कि किसी भी तरह पैसे कमाकर अपना घर भरो। अपनी उन्नति में ही देश की उन्नति है। अपने श्रम से नहीं बल्कि श्रमिकों के कंधों पर चढ़कर बड़ा दिखने की चेष्टा करो। नारायण बाबू को यह सोचकर बेहद तकलीफ़ होती थी कि उन्हें ऐसे दिन भी देखने पड़ रहे हैं, जब भोग ही जीवन का एकमात्र लक्ष्य बन चुका है। त्याग की बातें मात्र औरों को उपदेश देने के लिए ही रह गई हैं। आज़ादी के बाद अनेक स्वतंत्रता सेनानी देश की सत्ता हथियाने के लिए चुनावी लड़ाई में उतरे, मगर नारायण बाबू उनसे अलग ही रहे। बगीचे में पौधे उगाना, सूत कातना, अखबार और किताबें पढ़ना, इन्हीं में निमग्न होकर रह गए।

एक दिन अचानक सनातन आकर कहने लगा, "बापू, हमारे संघ के एक नेता चार दिन से आमरण अनशन पर हैं। सरकार हमारी एक भी माँग स्वीकार करने को तैयार नहीं है। उधर नेता का स्वास्थ्य गिर रहा है। एक भी माँग पूरी न होने पर हमारे संघ के प्रति श्रमिकों की आस्था नहीं रह जाएगी। वे दूसरे संघ में चले जाएँगे... यदि आप मंत्री जी से कह देते तो...चालीस में से कम-से-कम एक माँग ही सरकार मान लेती... अनशनकारी नेता की हालत खराब होती जा रही है।"

नारायण बाबू ऐसे लोगों से बेहद घृणा करते थे जो फलों का रस पीकर अनशन तोड़ने का लक्ष्य लेकर अनशन शुरू करते हैं। सनातन की बात सुनकर उनके चेहरे पर वही घृणा उभर आई। उन्होंने बेटे से पूछा, "मैं कौन होता हूँ? मंत्री जी मेरी बात क्यों मानेंगे?" सनातन ने याद दिलाया,

"हमारे श्रम मंत्री भी स्वतंत्रता सेनानी थे। आपके साथ जेल में थे। आपने इस देश के लिए तीन बार में कुल सात साल की जेल भोगी है, इसलिए वे आपकी बात ज़रूर मानेंगे।"

बेटे की दलील सुनकर नारायण बाबू गुस्से से लाल हो आए। बेटे को डपटते हुए सवालों की झड़ी लगा दी, "तुम क्या समझते हो, मैं व्यक्तिगत लाभ के लिए जेल गया था? इसीलिए देश की सेवा की थी क्या? उसकी मजूरी माँगी जाती है क्या? क्या तुम्हें पता है, गोकुल भोल आमरण अनशन कर जेल में ही शहीद हो गया था। उसके जीवन का मूल्य चुकाया किसी ने? क्षुद्र स्वार्थ के लिए, वह भी अनशन तोड़ने का दिन तय करके जो लोग आमरण अनशन करते हैं, उन्हें क्या सत्याग्रही कहा जाता है...? बोलो... चुप क्यों हो गए?"

सनातन बाहर से शांत दिख रहा था मगर भीतर-ही-भीतर क्रोध से थर्रा रहा था। वह बिना कोई उत्तर दिए चला गया। उसकी चाल से नारायण बाबू को अनुमान हो गया कि बेटे के साथ रहा-सहा संबंध भी इसी क्षण टूट गया। नारायण बाबू आजकल अपने बेटे-बहू या संगी-साथी, किसी को भी न तो ठीक से समझ पाते थे और न ही अपनी बात समझा पाते थे। मानो सब लोग किसी 'सुख' नामक तोते को किसी तरह अपने पिंजरे में बंदकर लेने के लिए दौड़-धूप में लगे हैं। क्या न्याय है, क्या अन्याय है, यह समझने की उन्हें फुरसत कहाँ?

अपने-अपने मतलब में डूबे इन लोगों के बीच उन्हें बहुत अकेलापन महसूस होता था। अपने लोग भी निहायत बेगाने जैसे दिखते थे। उन्हें लगता था कि गोकुल भोल की तरह जेल में शहीद हो जाते तो बच जाते जी रहे थे तो सिर्फ़ मरणवेदना सहने के लिए।

एक दिन सनातन की पत्नी मधुमिता आकर बोली, "पिता जी, मेरा ट्रांसफ़र कोरापुट के पहाड़ी, जंगली इलाके में हो गया है, यदि मंत्री जी से कह देते तो कैंसिल हो जाता।"

नारायण बाबू ने विस्मय से कहा, "बहू, तुम शिक्षिका हो, बदली तो होगी ही। मैं मंत्री से क्या कह सकता हूँ? वैसे भी कोरापुट तो बहुत अच्छी जगह है।" मधुमिता खीझ उठी, "जो आज़ादी के लिए जेल गए थे, आज कहाँ-से-कहाँ पहुँच गए हैं। क्या कुछ नहीं मिला है उन्हें? अपने बेटे-पोतों के लिए उन्होंने बहुत कुछ कर दिया... और आप, न खुद कुछ करेंगे, न हमें चैन से जीने देंगे।"

नारायण बाबू यह सुनकर तैश में आ गए। बोले, "आज़ादी के लिए जेल गया था तो आज़ादी के बाद उससे लाभ उठाऊँ? मुनाफ़ा लूँ? छिः छिः, जिनके नेतृत्व में आज़ादी मिली, वे महात्मा अपने लिए क्या कुछ चाहते थे? कोई पद-पदवी ली? बोलो, जवाब दो।"

मधुमिता चुप नहीं रही। ससुर को सुना ही दिया, "डॉक्टर ने आपको रोज़ाना दूध पिलाने के लिए कहा है। मैं नौकरी छोड़ दूँगी तो दूध के पैसे क्या आज़ादी चुकाने आएगी? मैं बच्चों को छोड़ कोरापुट नहीं जा सकती।"

नारायण बाबू मांस-मछली नहीं खाते थे, इसलिए दूध का ही ताना मारा जा सकता था। अगले दिन से उन्होंने दूध पीना ही छोड़ दिया। बहू या बेटे किसी ने पीने का आग्रह भी नहीं किया। बेटे से संपर्क पहले ही टूट चुका था, उस घटना के बाद बहू ने भी ममता का बंधन शिथिल कर दिया। अपने परिवार में नारायण बाबू बिलकुल निःसंग, अनावश्यक और फ़ालतू चीज़ की तरह उपेक्षित पड़े रहते। अपने ही घर में पराए बन गए। तबीयत बिगड़ने पर वे कभी किसी से कुछ नहीं कहते। वे समझ गए थे कि इस युग में पैसा ही सब कुछ है। जिसमें पैसे कमाने की कला नहीं, उसके जीवन का कोई मूल्य नहीं। पैसे न होने पर सच्चे आदमी को भी यहाँ कोई नहीं पूछता। कमाऊ न होने पर परिवार में भी कोई नहीं पूछता।

बेटा-बहू, पोता-पोती किसी का इसमें दोष नहीं। उन्होंने अपनी आँखों से देखा था, जिन्होंने आज़ादी के लिए थोड़ा भी त्याग किया है, बाद में उसके बल पर बहुत कुछ बटोरा है। मकान, खेत-खलिहान, कोटा-परमिट से लेकर पद-पदवी तक अनेक चीज़ों के लिए हाथ-पाँव मारे और पा भी लिए। उस दृष्टि से वे असमर्थ हैं, असफल हैं। अतीत के त्याग को पूँजी बनाकर भोग की सामग्री जुटाने में वे कभी सफल नहीं हो पाए। कई बार स्वयं से पूछते हैं– 'क्या दारोगा की नौकरी इसलिए छोड़ी थी कि आज़ादी के बाद मौज उड़ाएँगे? इसी लोभ से गांधी जी के असहयोग आंदोलन में कूदे थे? एक से बढ़कर एक दुख सहे थे? आखिर हमारे सपनों के भारत को हो क्या गया है? कहाँ गया त्याग, देशप्रेम!'

उनकी आँखें आँसुओं से धुँधला गईं। जीने का लोभ फीका होता जा रहा था। गोकुल भोल जैसे सैकड़ों गांधीवादी लोग उनकी आँखों के आगे उभर रहे थे। मन-ही-मन उनसे ईर्ष्या हो आती थी। बार-बार ये शब्द फूटते थे– 'आप सब भाग्यवान हैं, देश का अधोपतन देखने से पहले ही चले गए। देशवासियों को प्रेम ही देते रहे। मेरी तरह उनके लिए या उनके कारण संताप का दुर्भाग्य नहीं झेलना पड़ा।'

मधुमिता को कोरापुट में अखबार पढ़कर पता चला कि ससुर बीमार हैं। अखबार में कहीं छोटी-सी खबर छपी थी, छोटे-छोटे अक्षरों में–'नारायण बाबू अस्वस्थ हैं' पढ़कर मधुमिता चौंक उठी। उसने तुरंत विद्यालय से छुट्टी ली और कुछ फल और दवाइयों सहित कटक आ पहुँची।

पत्नी को अचानक आया देख सनातन ने हैरान होकर पूछा, "आज तो तुम्हारी छुट्टी नहीं है,

फिर अचानक इधर कैसे चली आईं?" मधुमिता ने संक्षेप में बताया, "अखबार में तुम्हारे पिता जी की बीमारी की खबर पढ़ी। मैं समझ गई कि हालत नाज़ुक है, वरना अखबार में न छपा होता। कैसे हैं वे?" सनातन ने निर्लिप्त भाव से कहा, "बीमारी अचानक नहीं आई। कई दिनों से खाट से लगे हैं। उम्र भी हो चली है। घिसटने से बेहतर है चले जाएँ। तुमने नाहक ही अपनी छुट्टी खर्च की।"

मधुमिता के चेहरे पर दुख नहीं था। उसने दबे स्वर में कहा, "क्या कह रहे हैं! वे देश के गौरव हैं। आज़ादी के लिए सात साल जेल में रहने के बदले में केंद्रीय सरकार ने उनके लिए पाँच सौ रुपए मासिक भत्ता मंजूर किया है... देखिए, दिल्ली से यह पत्र आया है ।" पाँच सौ रुपये मासिक भत्ता अब सनातन भी चौंका। कुछ दिन पहले उसी ने बापू की इच्छा के विरुद्ध उनके हस्ताक्षर लेकर एक दरख्वास्त दिल्ली भेज दी थी। उसे हैरानी इस बात की थी कि वह बिना किसी सिफ़ारिश के मंज़ूर कैसे हो गई! मधुमिता ने कागज़ दिखाया। चार-पाँच दिन पहले उसी के संदर्भ में पत्र आया था। केंद्रीय सरकार ने सगर्व स्वाधीनता सेनानी नारायण बाबू को जीवनभर के लिए पाँच सौ रुपए महीने का भत्ता देना मंज़ूर किया था।

उस कागज़ पर मधुमिता और सनातन की आँखें खुशी से भरकर ऐसे नाच रही थीं मानो यह कागज़ पढ़कर ही वे यह जान पाए हों कि नारायण बाबू सचमुच स्वाधीनता सेनानी थे और देश की आज़ादी के लिए वर्षों तक जेल में भी रहे थे।

मधुमिता ने कहा, "जो हो गया सो छोड़ो। अब देर न करो। जल्दी से डॉक्टर को बुलाओ। हर हाल में पिता जी को बचाना होगा। वे देश के गौरव हैं, जाति के आदर्श हैं। जाओ।"

सनातन तेज़ी से उठ खड़ा हुआ। यह सोचकर कि डॉक्टर को तुरंत बुलाना है, कहीं देर न हो जाए।

नारायण बाबू आँखें मूँदें बिस्तर पर लेटे थे। दर्द से सारी देह बेचैन थी। साँस लेने में भी कष्ट हो रहा था। अचानक किसी ने पाँव सहलाए।

नारायण बाबू ने पूछा, "कौन गोकुल?" "नहीं, पिता जी, मधुमिता हूँ। आपकी तबीयत नरम जानकर कोरापुट से चली आई।"

बहू की ही आवाज़ है, मगर बहू पाँव सहला रही है, उन्हें विश्वास नहीं हुआ। जेल के दिनों में बीमार होने पर राज-बंदी गोकुल उनकी सेवा करता था। मन लगाकर सारे काम कर देता था। तलवों में तेल लगाता, फिर पैर दबाकर उँगलियाँ चटका देता था। अब भी पाँव पिराने या हाथ में दर्द होने पर गोकुल याद आ जाता है। मरते समय का उसका चेहरा झलक उठता है। अतः पाँव किसी ने छुए तो गोकुल समझ, वे चौंक उठे।

मधुमिता ने कहा, "पिता जी, मैं आ गई हूँ। आप ठीक हो जाएँगे। उन्हें डॉक्टर को बुलाने के लिए भेजा है। आपके स्वस्थ होने तक मैं कोरापुट नहीं जाऊँगी।" तो यह सपना नहीं था। नारायण बाबू ने आँखें खोलकर क्षीण स्वर में पूछा, "बहू है?" फिर संकेत से सिरहाने तक आने को कहा। मधुमिता की आँखें पता नहीं क्या सोचकर छलछला आईं। बोली, "पिता जी, डरने की कोई बात नहीं हैं। वे डॉक्टर को बुलाने गए हैं। आप दो-चार दिन में ही स्वस्थ हो जाएँगे।"

नारायण बाबू ने स्थितप्रज्ञ की तरह कहा, "नहीं बेटी, मरण से डर नहीं है। सचमुच, देश आज़ाद होने के बाद मेरी ज़रूरत पूरी हो गई है।"

मधुमिता खुद को सँभाल नहीं पाई और कहने लगी, "पिता जी, ऐसा न कहें। देश गुमराह हो रहा है। अभी आपको जीना होगा। बहुत दिन रहना होगा। सरकार ने आपके लिए पाँच सौ रुपए का मासिक भत्ता मंजूर किया है... मैं आपकी सेवा करूँगी...।"

बहू की बात सुनकर नारायण बाबू की छाती में हूक-सी उठी। तन-मन दर्द से भर गया। चेहरे पर हलकी-सी मुसकान लाते हुए कहा, "बेटी, सरकारी भत्ते की तरह तेरा स्नेह भी मुझे बहुत देर से मिला। मैं उसका उपभोग कर नहीं पाया...।"

मधुमिता ने देखा कि ससुर के चेहरे का रंग अचानक बदल रहा है। आँखें मुँद गई हैं। चेहरा सचमुच किसी शहीद की तरह हो गया है। उन शहीदों की तरह, जिनके चेहरे मधुमिता ने सिर्फ़ किताबों के पन्नों में देखे थे।

–विभूति पटनायक

कथाकार परिचय: विभूति पटनायक उड़िया भाषा के प्रमुख कथाकार हैं। ओड़िसा साहित्य अकादमी, विषुब और झंकार पुरस्कार से पुरस्कृत किए जा चुके हैं। इनकी प्रमुख कृतियाँ हैं: श्रेष्ठ गल्प, कलिकाल, राजकन्या दुख, मन भूले नाहिं, चपल छंदा, वधु निरूपमा और नायिका नाम श्राबणी।

क्या आप जानते हैं?

(क) क्रिकेट में 'पिच' की लंबाई कितनी होती है?

(i) 22 यार्ड (20.11 मीटर) (ii) 10 यार्ड

(iii) 15 यार्ड (iv) 20 यार्ड

(ख) आई.एफ.ए. का विस्तृत रूप क्या है?

(i) इंटरनेशनल फुटबॉल एसोसिएसन (ii) इंडियन फुटबॉल एसोसिएसन

(iii) इटली फुटबॉल एसोसिएसन (iv) इजराइल फुटबॉल एसोसिएसन

(ग) एक व्यक्ति ने सामने खड़ी स्त्री की ओर संकेत करते हुए कहा कि वह मेरे दादा जी के एकलौते बेटे की पत्नी की एकलौती वधू है। व्यक्ति का स्त्री से क्या संबंध है?

(i) देवर–भाभी (ii) पति–पत्नि

(iii) बहन–भाई (iv) चाची–भतीजा

(घ) एक लड़की ने एक व्यक्ति के चित्र की ओर संकेत करते हुए कहा कि यह उसकी माँ के भाई की लड़की का पति है उस लड़की का व्यक्ति से क्या संबंध है?

(i) बहन–भाई (ii) मामा–भांजी

(iii) जीजा–साली (iv) मौसा–भांजी

(ड.) नीचे दिए चित्र को ध्यान से देखिए और बताइए कि इसमें कितने वृत्त हैं?

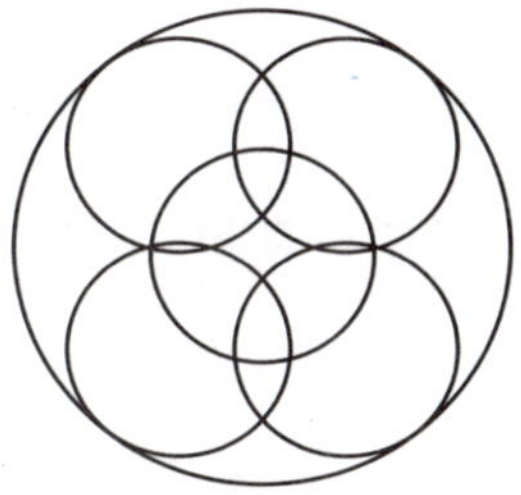

(i) 6 (ii) 8

(iii) 4 (iv) 16

(च) उचित संख्या भरकर रिक्त स्थान की पूर्ति कीजिए?

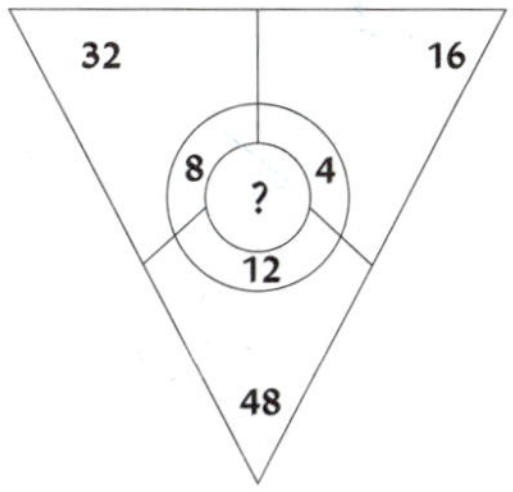

(i) 8 (ii) 2

(iii) 4 (iv) 16

(छ) उचित संख्या भरकर रिक्त स्थान की पूर्ति कीजिए?

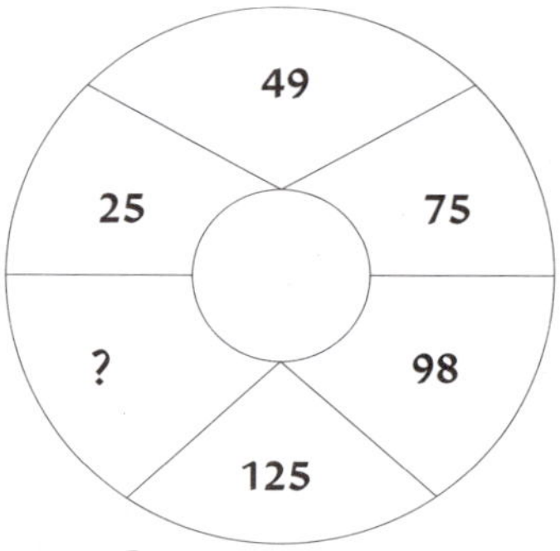

(*i*) 125 ☐ (*ii*) 132 ☐
(*iii*) 155 ☐ (*iv*) 146 ☐

(ज) यह खिलाड़ी किस खेल से संबंधित है, सही विकल्प पर (✔) लगाइए–

(*i*) फुटबॉल ☐ (*ii*) क्रिकेट ☐
(*iii*) टेनिस ☐ (*iv*) हॉकी ☐

(झ) यह खिलाड़ी किस खेल से संबंधित है, सही विकल्प पर (✔) लगाइए–

(*i*) टेनिस ☐ (*ii*) बैडमिंटन ☐
(*iii*) वालीबॉल ☐ (*iv*) बिलियर्ड्स ☐

(ञ) यह खिलाड़ी किस खेल से संबंधित है, सही विकल्प पर (✔) लगाइए–

(*i*) बैडमिंटन ☐ (*ii*) फुटबॉल ☐
(*iii*) बेसबॉल ☐ (*iv*) लॉन टेनिस ☐

(ट) यह खिलाड़ी किस खेल से संबंधित है, सही विकल्प पर (✔) लगाइए–

(*i*) टेनिस ☐ (*ii*) वालीबॉल ☐
(*iii*) बैडमिंटन ☐ (*iv*) मुक्केबाजी ☐

प्रश्न-पत्र—1

अवधि—तीन घंटे **पूर्णांक-65**

1. **गद्यांश को पढ़कर नीचे दिए प्रश्नों के उत्तर दीजिए—** (10)

आंदोलनकारियों के साथ धनपुर लस्कर के शामिल होने के बाद कामपुर में एक दिन टेलीफ़ोन और टेलीग्राफ़ के तार काट दिए गए। साँझ फिरे रेलवे लाइन की फ़िश प्लेट भी निकाल दी गई। परिणाम यह हुआ कि गोला–बारूद से लदी चली आ रही मालगाड़ी भरभराकर नीचे गिर पड़ी। उसमें आग लग गई। इस हादसे से पास वाले मिलिट्री कैंप के जैसे हाथ ही कट गए। दूसरे दिन यमुनामुख पुलिस स्टेशन पर तिरंगा फहराया गया। दो रेलवे पुल ध्वस्त किए गए। इन सब कार्यों में धनपुर की प्रमुख भूमिका थी।

(क) धनपुर के आंदोलनकारियों से मिलने के बाद पहली घटना क्या घटी?
- (*i*) पुलिस स्टेशन पर तिरंगा फहराया गया। ☐
- (*ii*) मालगाड़ी भरभराकर नीचे गिर पड़ी। ☐
- (*iii*) कामपुर में टेलीफ़ोन और टेलीग्राफ़ के तार काट दिए गए। ☐

(ख) मालगाड़ी के गिरने का क्या कारण था?
- (*i*) रेलवे लाइन की फ़िश प्लेट निकाल दी गई थी। ☐
- (*ii*) रेलवे पुल ध्वस्त कर दिए गए थे। ☐
- (*iii*) रेलगाड़ी में आग लग गई थी। ☐

(ग) मालगाड़ी में क्या भरा था?
(*i*) कोयला ☐ (*ii*) सोना ☐ (*iii*) गोला–बारूद ☐

(घ) तिरंगा कहाँ फहराया गया?
- (*i*) मिलिट्री कैंप पर। ☐
- (*ii*) पुलिस स्टेशन पर। ☐
- (*iii*) रेलवे स्टेशन पर। ☐

2. नीचे दिए काव्यांश को पढ़कर प्रश्नों के उत्तर दीजिए– (5)

यह संसार मनुष्य के लिए एक परीक्षा-स्थल है,
दुख है, प्रश्न कठोर देखकर होती बुद्धि विकल है।
किंतु स्वात्म बल-विज्ञ सत्पुरुष ठीक पहुँच अटकल से,
हल करते हैं प्रश्न सहज में अविरल मेधा बल से।

(क) संसार मनुष्य के लिए क्या है?
(i) परीक्षा-स्थल ☐ (ii) युद्ध-स्थल ☐ (iii) भ्रमण-स्थल ☐

(ख) बुद्धि किससे परेशान होती है?
(i) सुख से ☐ (ii) दुख से ☐ (iii) मौत से ☐

(ग) सत्पुरुष किसके बल पर समस्या की जड़ तक पहुँचते हैं?
(i) पौरुष से ☐ (ii) तपस्या से ☐ (iii) स्वात्म बल से ☐

(घ) सत्पुरुष समस्या का हल किससे निकालते हैं?
(i) छल-कपट से ☐ (ii) बुद्धि से ☐ (iii) नम्रता से ☐

(ङ) मेधा का क्या अर्थ है?
(i) जल ☐ (ii) बादल ☐ (iii) बुद्धि ☐

व्याकरण से (30)

3. समानार्थी शब्द लिखिए– (2)

धरती – .... ज्वाला – ....

4. विलोम शब्द लिखिए– (2)

महान – .... पूर्ण – ....

5. वाक्यांशों के लिए एक शब्द लिखिए– (2)

जिसके समान कोई दूसरा न हो – ....

गाँव में रहने वाले लोग – ....

6. मुहावरे का अर्थ लिखकर वाक्यों में प्रयोग किजिए– (2)

एड़ी-चोटी का ज़ोर लगाना–....................

....

बाज़ी मारना– ....

....

7. 'इक' प्रत्यय वाले कोई दो शब्द लिखिए– (1)

....

8. नीचे दिए शब्दों में कौन-सी क्रिया है–सकर्मक या अकर्मक। (1)

घोड़ा तेज़ी से दौड़ने लगा। ....

बच्चे पुस्तक पढ़ने लगे। ....

9. नीचे दिए वाक्यों में रेखांकित कारक का भेद बताइए– (1)

वह पढ़ाई <u>में</u> बहुत होशियार था। ....

उसे माँ <u>की</u> शिक्षा बहुत याद आ रही थी। ....

10. नीचे दिए वाक्यों में उद्देश्य पर ◯ लगाइए और विधेय को रेखांकित कीजिए– (2)

मोम की मूर्तियाँ एकदम सजीव लगती हैं।

सिंगापुर एक छोटा-सा द्वीप है।

11. क्रियाविशेषण शब्द पर ◯ लगाइए– (2)

मोटरगाड़ी धीरे-धीरे चलने लगी।

मयंक अंदर चला गया।

12. कोई दो शब्द-युग्म लिखकर वाक्य बनाइए– (2)

....

....

13. 'मेरा प्रिय खिलाड़ी' पर निबंध लिखिए। (8)

14. किसी पर्यटन-स्थल की यात्रा का वर्णन कीजिए। (5)

पाठ से (20)

15. नीचे दिए प्रश्नों के उत्तर कुछ शब्दों में दीजिए– (4)

(क) घाटी-मैदानों को किसका संदेश नहीं मिला? ....

(ख) समय को नष्ट करके क्या नहीं पाया जा सकता? ....

(ग) सायना के प्रथम प्रशिक्षक का क्या नाम था? ....

(घ) किसे खोकर हमेशा पछताना पड़ता है? ....

16. नीचे दिए प्रश्नों के लघु उत्तर दीजिए– (8)

(क) अंशुल के प्रथम न आने का क्या कारण था?

(ख) हीरा कहाँ पहुँचकर राहत महसूस करता है और क्यों?

(ग) सिंगापुर की समृद्धि का क्या कारण है?

(घ) ब्लड-बैंक क्यों बनाए गए हैं?

17. नीचे दिए प्रश्नों के दीर्घ उत्तर दीजिए। (कोई दो) (6)

(क) नीलू की स्वभावगत विशेषताओं का वर्णन कीजिए।

(ख) हमारे जीवन में समय का क्या महत्त्व है?

(ग) बूढ़े भगत ने चड्ढा को इंसानियत का पाठ कैसे पढ़ाया?

18. नीचे दिए प्रश्नों के उपयुक्त उत्तर पर (✓) का चिह्न लगाइए– (2)

(क) अंशुल ने पढ़ाई में ज़्यादा मेहनत क्यों नहीं की थी?

(*i*) क्योंकि वह बीमार था। ☐

(*ii*) क्योंकि उसे दादी ने मना किया था। ☐

(*iii*) क्योंकि वह अंधविश्वास में पड़ गया था। ☐

(ख) नीलू का लेखिका के कमरे के बाहर आकर खड़े होना किसकी सूचना देता था?

(*i*) मित्र की उपस्थिति की ☐ (*ii*) शत्रु की उपस्थिति की ☐

(*iii*) नीलू की परेशानी की ☐

प्रश्न-पत्र—2

अवधि—तीन घंटा **पूर्णांक-65**

1. गद्यांश को पढ़कर नीचे दिए प्रश्नों के उत्तर दीजिए— (10)

अलमोड़ा में एक बड़े मियाँ रहते थे, उनका नाम था— अब्बू खाँ। अकेले थे, बस दो-चार बकरियाँ रखते थे। दिनभर उन्हें चराते-फिरते थे। शौक से वे उनके अजीबोगरीब नाम रखते— किसी का कल्लू, किसी का मुँगिया, किसी का गुजरी, किसी का हुक्का। उनके साथ न जाने क्या-क्या बातें करते और शाम के वक्त बकरियों को लाकर घर में बाँध देते थे। बकरियाँ बँधे-बँधे घबरा जाती थीं और रस्सी तोड़कर पहाड़ पर भाग जाती थीं। वहाँ भेड़िया उन्हें खा जाता था।

(क) अब्बू खाँ कहाँ रहते थे?

(i) अलमोड़ा (ii) रतनगढ़ (iii) अलवर

(ख) अब्बू खाँ दिनभर क्या करते थे?

(i) सोते रहते थे। (ii) बकरियाँ चराते-फिरते थे।

(iii) मूर्गियों को दाना डालते थे।

(ग) अब्बू खाँ को क्या शौक था?

(i) बकरियों को दिनभर बाँधे रखना।

(ii) बकरियों के अजीबोगरीब नाम रखना।

(iii) बकरियों को रात में खुला छोड़ देना।

(घ) बकरियों की मौत का क्या कारण था?

(i) बकरियाँ रस्सी तोड़कर भाग जाती थीं।

(ii) भेड़िया बाड़े में आकर उन्हें खा जाता था।

(iii) रस्सी से दम घुटने के कारण बकरियाँ मर जाती थीं।

2. नीचे दिए काव्यांश को पढ़कर प्रश्नों के उत्तर दीजिए— (5)

मैं मज़दूर मुझे देवों की बस्ती से क्या,
अगणित बार धरा पर मैंने स्वर्ग बनाए।

अंबर पर जितने तारे उतने वर्षों से,
मेरे पुरखों ने धरती का रूप सँवारा।
धरती को सुंदरतम करने की ममता में,
बिता चुका है कई पीढ़ियाँ वंश हमारा।
अपने नहीं अभाव मिटा पाया जीवनभर,
पर औरों के सभी अभाव मिटा सकता हूँ।
युगों-युगों से झोंपड़ियों में रहकर भी,
औरों के हित लगा हुआ हूँ महल सजाने।

(क) मज़दूर को किसकी बस्ती से कुछ लेना-देना नहीं है?
(*i*) मज़दूरों की ☐ (*ii*) धनाढ्यों की ☐ (*iii*) देवों की ☐

(ख) मज़दूर ने कितनी बार धरती पर स्वर्ग बनाया है?
(*i*) सैकड़ों बार ☐ (*ii*) हज़ारों बार ☐ (*iii*) अनगिनत बार ☐

(ग) मज़दूर किसके अभाव नहीं मिटा पाया?
(*i*) ग़रीबों के ☐ (*ii*) दूसरों के ☐ (*iii*) अपने ☐

(घ) मज़दूर युगों-युगों से कहाँ रह रहा है?
(*i*) स्वर्ग में ☐ (*ii*) महलों में ☐ (*iii*) झोंपड़ियों में ☐

(ङ) 'अंबर' शब्द का क्या अर्थ है?
(*i*) वर्षा ☐ (*ii*) आकाश ☐ (*iii*) बादल ☐

व्याकरण से (30)

3. दो-दो पर्यायवाची शब्द लिखिए- (2)

दिन – .... साँप – ....

4. संज्ञा शब्दों से विशेषण बनाइए- (2)

भारत – .... वीरता – ....

5. अनेकार्थी शब्दों से अलग-अलग वाक्य बनाइए जिनके अर्थ भिन्न हों- (2)

हार – ....

हार – ....

लाल – ....

लाल – ....

6. **वाक्यांशों के लिए एक शब्द लिखिए–** (2)

भारत से संबंधित – ....

जिसके आर-पार देखा जा सके – ....

7. **विलोम शब्द लिखिए–** (2)

उत्थान – .... उन्नति – ....

8. **संज्ञा शब्द लिखिए–** (2)

जातिवाचक संज्ञा – .... भाववाचक संज्ञा – ....

9. **शब्दों का वर्ण-विच्छेद कीजिए–** (2)

संपत्ति – .... प्रकृति – ....

10. **प्रत्यय अलग करके लिखिए–** (2)

नियंत्रित – .... मानवीय – ....

11. **नीचे दिए वाक्यों में निपात शब्दों पर गोला लगाइए–** (2)

तुम शायद ही यह कार्य कर पाओ।

आखिर तुम आ ही गए।

12. **'रक्त-दान' पर अनुच्छेद लिखिए।** (5)

13. **'वनों के महत्त्व' पर निबंध लिखिए।** (7)

पाठ से (20)

14. **नीचे दिए प्रश्नों के उत्तर शब्दों में दीजिए–** (4)

(क) आदिवासियों की जीवन-शैली किसके समान थी?

(ख) आदिवासियों द्वारा तैयार की गई नाव का क्या नाम था?

(ग) वनों की उर्वराशक्ति को कौन बनाए रखता है?

(घ) जो लोग तय समय पर मिल जाते हैं, उन्हें क्या कहते हैं?

15. नीचे दिए प्रश्नों के लघु उत्तर दीजिए– (8)

(क) रामप्रसाद बिस्मिल की कौन-सी इच्छा पूरी न हो सकी?

(ख) किस प्रकार के लोगों पर बुरी संगति का कोई असर नहीं होता?

(ग) पर्यावरण संतुलन बिगड़ने से क्या अभिप्राय है?

(घ) लेखक के आने से घर की औरतें क्यों परेशान हो जाती थीं?

16. नीचे दिए प्रश्नों के दीर्घ उत्तर लिखिए। (कोई दो) (6)

(क) 'गिनीज़ बुक' की प्रमुख विशेषताएँ क्या हैं?

(ख) निकोबारवासियों ने नाव का निर्माण कैसे किया? विस्तार से लिखिए।

(ग) मिट्टी कुम्हार से क्या कहती है? इससे जीवन की कौन-सी सच्चाई का बोध होता है?

17. नीचे दिए प्रश्नों के उपयुक्त उत्तर पर (✓) का चिह्न लगाइए– (2)

(क) भारतीय सेना में महिलाओं की नियुक्ति किस आधार पर की जाती है?

(*i*) पुरुषों की प्राथमिकता के आधार पर। ☐

(*ii*) बिना किसी भेदभाव के। ☐

(*iii*) दयाभाव के आधार पर। ☐

(ख) श्वेत रक्त कण क्या करते हैं?

(*i*) शरीर में ऑक्सीजन पहुँचाते हैं। ☐

(*ii*) हमें बीमारियों से बचाते हैं। ☐

(*iii*) रक्त का थक्का जमाते हैं। ☐

शब्दकोश

इस शब्दकोश में बाईं ओर कठिन शब्द तथा दाईं ओर उसका अर्थ दिया गया है। शब्द का अर्थ देने से पहले मूल शब्द के बाद कोष्ठक में एक संकेताक्षर दिया गया है। व्याकरण की दृष्टि से कोई शब्द संज्ञा, सर्वनाम, विशेषण, क्रिया आदि शब्दों में से किस भेद का है, यह सूचना आपको इस संकेताक्षर से मिलेगी। यहाँ जो संकेताक्षर अथवा संक्षिप्त रूप प्रयुक्त हुए हैं, वे इस प्रकार हैं–

अ॰ – अव्यय	अ॰ क्रि॰ – अकर्मक क्रिया	सं॰ – संज्ञा	सर्व॰ – सर्वनाम
क्रि॰ – क्रिया	क्रि॰ वि॰ – क्रियाविशेषण	मु॰ – मुहावरा	स॰ क्रि॰ – सकर्मक क्रिया
पु॰ – पुल्लिंग	स्त्री॰ – स्त्रीलिंग	वि॰ – विशेषण	

इस शब्दकोश में अपेक्षित शब्द का अर्थ ढूँढ़ना शुरू करने से पहले यह उचित होगा कि आप शब्दकोश देखने की सही विधि जान लें। इसके लिए नीचे लिखे बिंदुओं को ध्यान में रखना होगा।

1. जिस शब्द के बारे में जानकारी प्राप्त करनी है, उसके प्रारंभ का वर्ण देखा जाता है। उसके आधार पर ही शब्द ढूँढ़ा जाता है।
2. शब्दकोश में शब्दों को इस वर्ण-अनुक्रम में दिया जाता है-अ, आ, इ, ई, उ, ऊ, ऋ, ए, ऐ, ओ, औ के पश्चात क से ह तक, क्रम के अनुसार सभी वर्ण।
3. क्ष, त्र, ज्ञ, को ह के बाद नहीं ढूँढ़ना चाहिए। क्ष, क् और ष का संयुक्त रूप है। अतः क से शुरू होने वाले शब्दों के समाप्त होने पर क्ष से प्रारंभ होने वाले शब्द ढूँढ़े जा सकते हैं।
4. त्र, त् और र का संयुक्त रूप है। अतः त्र से शुरू होने वाले शब्द त से शुरू होने वाले शब्दों के बाद ही ढूँढ़े जाने चाहिए। जब त्य से संबंधित शब्द समाप्त हो जाते हैं तब त्र से आरंभ होने वाले शब्द देखे जा सकते हैं।
5. ज्ञ, ज् और ञ का संयुक्त रूप है। अतः ज्ञ से शुरू होने वाले शब्दों को ज से शुरू होने वाले शब्दों के बाद ही ढूँढ़ना चाहिए। ज से संयुक्त होकर बनने वाला पहला वर्ण ज्ञ ही है। अतः जौहरी के बाद ही ज्ञ से बनने वाले शब्द देखे जा सकते हैं। ज्ञ के बाद ज्य से बनने वाले शब्द आते हैं।

शब्द		अर्थ	शब्द		अर्थ
अंधविश्वास (पु॰)	–	तथ्यरहित विश्वास	अलभ्य (वि॰)	–	जो न मिलता हो, दुर्लभ
अंधाधुंध (अ॰)	–	बिना सोचे-समझे	प्रामाणिकता (स॰)	–	प्रमाणों द्वारा सिद्ध
अक्ल पर पत्थर पड़ना (मु॰)	–	कुछ समझ न आना	अवमानना (स्त्री॰)	–	अपमान
अगुआ (पु॰)	–	आगे चलने वाला, नेता, मुखिया	अवहेलना (स्त्री॰)	–	उपेक्षा
			आखेट (पु॰)	–	शिकार
अग्रसर (वि॰)	–	आगे की ओर	आगंतुक (पु॰)	–	अतिथि
अघाय (अ॰ क॰)	–	तृप्त	आत्मीयता (स्त्री॰)	–	अपनापन
अचेत (वि॰)	–	बेहोश	आदेश (पु॰)	–	हुक्म
अतुलनीय (वि॰)	–	जिसकी तुलना न की जा सके	आश्वस्त (वि॰)	–	निश्चित
			इंसान (पु॰)	–	मनुष्य
अनूठी (वि॰)	–	अनोखी	उजड्ड (वि॰)	–	गँवार
अप्रत्याशित (वि॰)	–	आकस्मिक	उत्तम (वि॰)	–	सबसे अच्छा
अभियान (पु॰)	–	मुहिम-व्यवस्थित आंदोलन	उत्सुकता (स्त्री॰)	–	प्रबल इच्छा

शब्द			अर्थ	शब्द			अर्थ
उदधि	(पु॰)	–	समुद्र	निकसत	(क्रि॰)	–	निकले
उद्देश्य	(वि॰)	–	अभिप्राय, प्रयोजन	नितांत	(वि॰)	–	बहुत
उद्योगी	(वि॰)	–	मेहनती	निरंतर	(वि॰)	–	लगातार
उपयोगी	(वि॰)	–	लाभदायक	निरीक्षण	(पु॰)	–	जाँच–पड़ताल
उपरांत	(अ॰)	–	बाद में	निर्दयी	(वि॰)	–	दयाहीन, अत्यंत कठोर
उपलब्धि	(स्त्री॰)	–	प्राप्ति	निर्मोही	(वि॰)	–	जिसे कोई मोह न हो
उपहार	(पु॰)	–	तोहफ़ा	निश्चल	(वि॰)	–	बिना हिले–डुले
उर्वराशक्ति	(स्त्री॰)	–	उपजाऊपन, उर्वरत्व	नीर	(पु॰)	–	पानी
उषा	(स्त्री॰)	–	सुबह	पंक	(पु॰)	–	कीचड़
एनीमिया	(स॰)	–	शरीर में रक्त की कमी	पगडंडी	(स्त्री॰)	–	संकरा रास्ता
			से होने वाली बीमारी	पत्थर दिल	(पु॰)	–	कठोर हृदय
कर	(पु॰)	–	हाथ	परचम	(पु॰)	–	झंडा
कारसाज	(वि॰)	–	चमत्कारी	परमार्थ	(पु॰)	–	दूसरों के लिए किया
कृत्रिम	(वि॰)	–	बनावटी				गया कार्य
कोहराम	(पु॰)	–	शोरगुल	परिवर्तन	(पु॰)	–	बदलाव
कौतूहल	(पु॰)	–	उत्सुकता	परिवेश	(पु॰)	–	पर्यावरण, वातावरण
क्रांति	(स्त्री॰)	–	पूर्ण परिवर्तन	परोपकार	(पु॰)	–	दूसरे की भलाई
क्षरण	(पु॰)	–	कटाव, रिसना	पहरा	(पु॰)	–	निगरानी, देखरेख
खाद्य	(वि॰)	–	खाए जाने वाले	पारदर्शी	(वि॰)	–	जिसके आर–पार
गर्व	(पु॰)	–	अभिमान				दिखाई दे
ग़ाफ़िल	(वि॰)	–	लापरवाह	पाषाण	(पु॰)	–	पत्थर
घ्राणशक्ति	(स्त्री॰)	–	सूंघने की शक्ति	पौष्टिक	(वि॰)	–	संतुलित
चहुँ	(क॰)	–	चारों ओर	प्रचंड	(वि॰)	–	भीषण, प्रबल
चित्त	(पु॰)	–	मन	प्रचुर	(वि॰)	–	बहुत अधिक
छद्मवेश	(पु॰)	–	बनावटी रूप	प्रतिभाशाली	(वि॰)	–	जिसमें प्रतिभा हो
जन्मदात्री	(स्त्री॰)	–	जन्म देने वाली	प्रतीक्षा	(स्त्री॰)	–	इंतज़ार
तंद्रा	(स्त्री॰)	–	नींद	प्रवृत्ति	(स्त्री॰)	–	मन का झुकाव,
तब्दील	(क्रि॰)	–	परिवर्तित				आचार–व्यवहार
तमाखू	(पु॰)	–	तंबाकू	प्रशिक्षक	(पु॰)	–	सिखाने वाला
तरकीब	(स्त्री॰)	–	योजना	प्रामाणिकता	(स॰)	–	प्रमाणों द्वारा सिद्ध
तरुवर	(पु॰)	–	पेड़	फ़रमान	(पु॰)	–	आदेश
तोहफ़े	(पु॰)	–	उपहार	बंदी	(पु॰)	–	कैदी
दर्प	(पु॰)	–	घमंड, अभिमान	बखत	(पु॰)	–	वक्त
दस्तक	(स्त्री॰)	–	दरवाज़ा खटखटाना	बचकानी	(वि॰)	–	व्यर्थ, बच्चों जैसी
दिस	(स्त्री॰)	–	दिशा	बरदाश्त	(स्त्री॰)	–	सहन
नगण्य	(वि॰)	–	न के बराबर				

शब्द			अर्थ
बर्बर	(वि॰)	–	असभ्य, जंगली
बहार	(स्त्री॰)	–	सुखद
बाँटना	(स॰क्रि॰)	–	विभाजित करना
बाज़ी मारना	(मु॰)	–	जीत जाना
बाधक	(वि॰)	–	बाधा पहुँचाने वाला
भ्रमण करना	(क्रि॰)	–	घूमना
भारवहन क्षमता	(स्त्री॰)	–	भार ढोने की क्षमता
भुजंग	(पु॰)	–	साँप
मनोभीष्ट	(पु॰)	–	मन की इच्छा
मस्तिष्क	(पु॰)	–	दिमाग
माटी	(स्त्री॰)	–	मिट्टी
मूर्तिवत	(वि॰)	–	बिना हिले-डुले मूर्ति की तरह
मैत्री	(स्त्री॰)	–	दोस्ती, मित्रता
मौलिक	(वि॰)	–	मूलरूप, मुख्य
यातनाएँ	(स्त्री॰)	–	तकलीफ, कष्ट
रंगमंच	(पु॰)	–	जहाँ नाटक आदि का अभिनय होता है
राह	(स्त्री॰)	–	मार्ग, रास्ता
रौंदना	(स॰क्रि॰)	–	कुचलना
लक्ष्य	(पु॰)	–	उद्देश्य
लालायित	(वि॰)	–	ललचाया हुआ
लोभ	(पु॰)	–	लालच
वर	(पु॰)	–	वरदान
विकल	(वि॰)	–	परेशान
वितान	(पु॰)	–	विस्तार
विदीर्ण	(वि॰)	–	टूटा हुआ, निहत
विनम्र	(वि॰)	–	सुशील, झुका हुआ
विपदा	(स्त्री॰)	–	मुसीबत
विलुप्त	(वि॰)	–	नष्ट, छिपा हुआ
विस्मित	(वि॰)	–	आश्चर्यचकित
वेगवती	(वि॰)	–	वेग से युक्त, बहुत तेज़ भागने वाली
व्यर्थ	(वि॰)	–	बेकार
व्यापत	(वि॰)	–	फैला

शब्द			अर्थ
शिष्टता	(वि॰)	–	सभ्यता
शीर्ष	(पु॰)	–	सबसे ऊँचा स्थान
शून्य	(वि॰)	–	अस्तित्वहीन
संतुष्टी	(स्त्री॰)	–	तृप्ति
संदेशा	(पु॰)	–	संदेश
संदेह	(पु॰)	–	शक
संयोग	(पु॰)	–	इत्तफ़ाक, मेल
संरक्षण	(पु॰)	–	रक्षा करना
सक्रिय	(वि॰)	–	कार्य में लगे होना
सक्षम	(वि॰)	–	योग्य
सघन	(वि॰)	–	बहुत घनी
सनसनी	(स्त्री॰)	–	खलबली
समर्पित	(वि॰)	–	सौंपा हुआ, दिया हुआ
समृद्धि	(स्त्री॰)	–	संपन्नता
सरवर	(पु॰)	–	तालाब
सर्वथा	(अ॰)	–	हमेशा
सर्वश्रेष्ठ	(वि॰)	–	सबसे अच्छा
सर्वाधिक	(वि॰)	–	सबसे अधिक
सशंकित	(वि॰)	–	शंका से भरे हुए
सहजता	(स्त्री॰)	–	सरलता
सहपाठी	(पु॰)	–	साथ पढ़ने वाला
सिलसिलेवार	(अ॰)	–	क्रमवार
सुजान	(वि॰)	–	सज्जन पुरुष
सुयोग	(पु॰)	–	अच्छा अवसर
सुर्खियाँ	(स्त्री॰)	–	मुख्य पंक्तियाँ, शीर्षक
सुलभ	(वि॰)	–	आसानी से प्राप्त होने वाला
सूरमा	(पु॰)	–	योद्धा, बहादुर
सौख्य	(पु॰)	–	सुख
स्तब्धता	(स्त्री॰)	–	जड़ता, स्थिरता
स्वतंत्रता	(स्त्री॰)	–	आज़ादी
स्वत:	(अ॰)	–	अपने-आप
हक	(पु॰)	–	अधिकार
हतप्रभ	(वि॰)	–	हैरान, चकित, स्तब्ध